KB202575

언약의 축복속에 있는

님 에게
_____

언약이 머무는 교회

언약이 머무는 교회

초판 1쇄 인쇄 | 2021년 5월 5일
초판 1쇄 발행 | 2021년 5월 10일

지은이 | 이 장 희

펴낸이 | 박현애
편집인 | 박정자
디자인 | 에페코북스 편집실
펴낸곳 | 예은출판사
등록번호 | 제2017-15
주　소 | 서울특별시 도봉구 덕릉로 371, 102동 1604호
전　화 | 02)993-5363

ISBN 979-11-960907-1-5

언약이
머무는 교회

지음 이 장 희

 예은출판사

하나님은
우리를 예배자로 부르셨다

코로나가 우리의 일상을 바꾼 지 어느덧 14개월이 지나가고 있습니다. 개인적으로 교회적으로 사회적으로 전무한 상황에 대처하고 변화에 적응하며 보낸 시간이었습니다. 처음에는 몇 달만 지나면 괜찮겠지.. 그러다가 내년 쯤이면 괜찮겠지 했는데 이제는 코로나이전으로 돌아가는 것 자체가 불가능하다는 의견이 지배적입니다. 시간이 더 지나가면 마스크는 벗게 되겠지만 이미 우리의 삶과 문화와 사회적인 시스템은 코로나 이전과는 확연히 다른 세상에 놓이게 될 것입니다. 어찌보면 장차 이루어질 시대의 변화와 미래 세계가 코로나로 인해 급속히 앞당겨진 셈인지도 모릅니다.

코로나바이러스 상황이 이렇게 오랜 시간 심각하게 성도와 교회와 세계에 영향을 미칠 것을 알기 전인 2020년 3월 둘째 주부터 시작하여 2020년 11월 셋째 주까지 37주에 걸쳐 저는 강단에서 "예배자시리즈"로 말씀을 증거했습니다. 새해를 시작하며 하나님은 제게 예배와 예배자에 대한 강력한 은혜를 주셨습니다. 마침 교회가 성전을 두고 기도하는 시간표에 하나님은 보이는 성전 이전에 보이지 않는 성전, 모이는 교회와 함께 흩어지는 현장교회가 더 중요하고 시급함을 깨닫게 하셨습니다. 더불어 우리나라에도 코로나 확진자들이 급증하면서 정부 행정지침에 의해 성도들이 교회에 모여 함께 예배드리는 것이 어려워지는 초유의 사태에 직면하면서 강단을 통해 예배에 대한 말씀을 선포하기 원하시는 하나님의 마음을 확신했습니다.

하나님은 우리를 예배자로 부르셨습니다. 그래서 하나님을 만나고 하나님을 누리며 하나님께 영광 돌리는 예배는 신앙생활의 모든 것입니다. 코로나 이전에 우리에게 교회나 현장에 모여 함께 예배를 드리는 것은 너무도 당연하고 자연스러운 것이었습니다. 나의 개인사정이 아닌 외부의 압력과 사회적인 문제로 교회에 가서 예배를 드릴 수 없는 상황이 생길 수 있다는 것을 우리는 거의 생각해 본 적이 없습니다. 사실 예배를 규제하고 핍박하는 것은 공산주의 국가나 이슬람 국가 같은 곳에서만 있는 일인 줄 알았습니다. 그런데 총도 칼도 아닌 눈에 보이지도 않는 바이러스의 존재와 그 확산 앞에 신앙생활을 포함한 우리의 모든 삶은 무기력할 만큼 멈추어버렸습니다. 사람 간의 접촉을 최소화하는 것이 감염병을 막는 최선의 방어책이라 모든 시스템이 소위 언택트라는 비대면의 흐름으로 급속하게 바뀌어 갔습니다. 이에 맞춰 교회도 미디어를 통한 예배를 활성화하고 적극 활용하여 모이지 못하는 것에서 발생하는 빈틈을 최대한 메워 나갔습니다.

이런 시대의 재앙과 세계적인 팬데믹 상황을 보며 저는 더 확신을 가지고 "예배자시리즈"로 말씀을 증거 할 수 있었습니다. 예배를 드리기 힘든 상황은 예배의 축복을 최고로 회복해야 할 때라 확신했습니다. 모이는 성전이 힘들어지면 흩어지는 성전에 응답받을 시간표요, 개인의 단, 가정의 단, 현장의 단을 그 어느 때 보다 견고히 할 때라고 말입니다. 그래서 37주에 걸쳐 경배와 영광과 찬양과 산 제사의 네 가지 주제로 하나님이 원하시고 기뻐하시는 예배에 대한 말씀을 증거했습니다. 그런데 감사하게도 코로나로 교회에서 예배드리는 것이 어려워지자 성도들이 평소보다 더 예배와 교회의 소중함을 느끼고 영적으로 집중하는 가운데, 코로나사태 이전보다 가정예배와 현장예배가 더 활성화되는 응답을 받았습니다.

　저는 담임 목회를 하며 약 13년 전 부터 매주 교회주보에 목회칼럼을 실어왔습니다. 그리고 교회에 제자를 세우는 임직식을 기념하며 목회칼럼을 선별하여 묶어 초대(2009), 치유(2014), 내 영혼의 닻(2017) 세 권의 책을 냈습니다. 그리고 이번 제 5회 임직식을 맞아 많은 교회들이 어렵다고 하는 코로나재앙시대에, 예배를 누리는 많은 중직자를 세우는 응답에 감사하며 예배자시리즈로 말씀을 증거한 37주 간의 칼럼을 묶어 책을 내게 되었습니다. 이 책이 나오기까지 기도와 수고를 아끼지 않은 에페코북스 대표 박정자권사님과 임찬미전도사와 아내 박현애사모, 캘리로 헌신한 심혜란전도사, 사진으로 헌신한 송지해전도사와 임혜미집사에게 감사한 마음을 전합니다. 그리고 무엇보다 늘 목회와 저술에 영감을 주는 저의 든든한 배경이자 동역자요 지원군인 우리 서울렘넌트교회 성도님들과 피택받아 임직하는 모든 중직자들께 진심으로 감사드립니다.

2021년 5월
서울렘넌트교회 이장희목사

- 하나님은 우리를 예배자로 부르셨습니다. 그래서 예배는 신앙 생활의 시작이자 결론입니다. 하나님이 기뻐하시는 예배는 경배와 영광과 찬양과 산 제사로 이루어집니다. 경배는 하나님의 주인되심을 인정하고 종의 자세로 낮아져 내 것을 비우고 온전히 하나님을 바라보는 예배자의 자세입니다.

- 참된 경배를 하면 하나님의 영광된 말씀이 임재함으로 나에게 주시는 하나님의 음성을 듣게 됩니다. 찬양은 하나님께 시선을 고정하고 집중하며 기도하는 것입니다. 영광으로 임한 말씀을 내게 주신 언약으로 확정하고 드리는 감사의 찬양을 하나님은 기뻐하십니다.

- 경배와 영광과 찬양을 통한 예배의 결론은 산 제사입니다. 하나님이 소원하시는 영혼구원과 전도운동에 나 자신을 산 제물로 드려 전도자의 삶을 사는 것이 예배자의 궁극적인 목적입니다.

| Contents |

둘 경배_ 네 발에서 신을 벗으라

셋 영광_ 여호와의 말씀이 내게 임하니라

넷 찬양_ 내가 노래하고 찬송하리이다

다섯 산제사_ 너희 몸을 산 제물로 드리라

시몬 베드로가 대답하여 이르되
주는 그리스도시요 살아 계신 하나님의
아들이시니이다 (마16:16)

예배자

영과 진리로
예배할지니라

예배자

아버지께 참되게 예배하는 자들은
영과 진리로 예배할 때가 오나니 곧 이때라
아버지께서는 자기에게
이렇게 예배하는 자들을 찾으시느니라
하나님은 영이시니
예배하는 자가 영과 진리로
예배할지니라

요한복음 4장 23~24절

하나님이
찾으시는 예배자

"하나님은 영이시니 예배하는 자가 영과 진리로 예배할 지니라"

[요4:24]

하나님은 우리를 예배자로 부르셨고 지금도 예배자를 찾고 계십니다. 예배는 신앙생활의 시작이자 결론이며, 구원받은 성도가 누릴 특권이자 하나님 자녀의 의무입니다. 그런데 우리는 예배에 대해 오해하고 마음껏 예배드릴 수 있는 자유 속에서 오히려 참된 예배자의 중심을 놓치고, 습관적인 예배를 드리곤 합니다. 요한복음 4장에서 말씀하는 영과 진리로 예배하는 것은 성령의 감동과 진리의 말씀이 임하는 예배입니다.

"내가 그리스도와 함께 십자가에 못 박혔나니 그런즉 이제는 내가 사는 것이 아니요 오직 내 안에 그리스도께서 사시

는 것이라 이제 내가 육체 가운데 사는 것은 나를 사랑하사 나를 위하여 자기 자신을 버리신 하나님의 아들을 믿는 믿음 안에서 사는 것이라"
[갈2:20]

예배자의 응답을 받으려면 참된 경배로부터 예배가 시작 되어야 합니다. 경배는 하나님을 주인으로 인정하고 종의 자세로 낮아져서 내 것을 비우고 온전히 하나님을 바라보며 의지하는 것입니다. 상전의 손을 바라보는 종들의 눈같이, 여주인의 손을 바라보는 여종의 눈같이 여호와 하나님을 바라보며 은혜를 간구해야 합니다(시 123:2). 내 생각, 내 기준, 내 감정에 사로잡혀서는 말씀의 은혜가 임할 수 없습니다. 내 것으로 가득 찬 마음과 생각을 비워내야 비로소 하나님의 말씀이 귀에 들리고 마음에 담깁니다. 그것이 바로 경배의 축복입니다.

"여호와의 말씀이 내게 임하니라 이르시되"
[렘1:4]

바른 경배를 하면 하나님의 말씀이 영광으로 내게 임합니다. 하나님은 영이시며 말씀이십니다. 예배는 하나님을 만나는 것인데, 우리가 눈에 보이지 않는 영이신 하나님을 만나는 방법이 말씀입니다. 또한 말씀은 임마누엘의 실제입니다. 하나님은 말씀으로 자신을 나타내시고, 말씀을 믿는 자와 함께 하시며, 말씀으로 역사하십니다. 바른 경배를 통해 영광된 말씀이 임하면 약한 자가 강국이 되고, 마른 뼈와 같이 죽은 영혼이 살며, 병든 자가 치유되고, 흑암의 세력이 결박됩니다. 그래서 우리는 예배 때 강단을 통해 주시는 하나님의 말씀 속에서 내 인생에 대한 하나님의 계획을 찾고 나를 통해 하시고자 하는 일을 언약으로 붙잡아야 합니다.

"하나님이여 내 영혼이 확정되었고 확정되었사오니 내가 노래하고 내가 찬송하리이다" [시57:7]

내게 주신 말씀을 받았다면 이제 우리는 참된 찬양을 회복해야 합니다. 찬양은 하나님께 집중하며 기도하는 것입니다. 내게 영광으로 임한 말씀을 내 인생의 언약으로 확정하고, 그것에 시선을 고정하며 기도에 집중함으로, 하나님께 영광 돌리는 것입니다. 하나님이 원하시는 것에 시선을 고정하면 하나님이 이미 내게 주신 것과 장차 주실 것이 보입니다. 그래서 현실에 흔들림 없이 하나님을 신뢰하며 감사의 찬양을 드릴 수 있습니다.

> *"그러므로 형제들아 내가 하나님의 모든 자비하심으로 너희를 권하노니 너희 몸을 하나님이 기뻐하시는 거룩한 산 제물로 드리라 이는 너희가 드릴 영적 예배니라"*   [롬12:1]

경배와 영광과 찬양을 통한 예배의 결론은 산 제사입니다. 나를 내 인생을 하나님께 온전히 드려 전도자의 삶을 사는 것입니다. 내가 주인 된 모든 것을 말씀 앞에 내려놓고 나를 드리며, 하나님이 소원하시는 영혼구원과 전도운동에 결단하는 것입니다. 하나님이 나를 자녀로 구원하셔서 영적인 축복을 주시며 복음화시키시는 것은 결국 전도자로 세워가기 위함입니다. 가정과 가문과 지역과 민족과 세계를 살리시는 하나님의 일에 순종하고 헌신하며 인도받는 것이 나를 산 제물로 하나님께 드리는 영적 예배입니다.

요셉은 이런 예배자의 응답과 축복을 받은 대표적인 증인입니다. 그는 어떤 상황과 형편에 처하든지 하나님을 경배하며, 영광으로 임한 말씀을 기억하고, 현실에 흔들림 없이 언약에 집중하며, 하나님의 살아계심을 증거했습니다. 깊은 기도와 묵상 가운데 시간이 갈수록 막연한 꿈이 확실한 비전으로 붙잡혔습니다. 걸어온 길과 앞으로 걸어갈 길이 자신의 인생과 가문에 한정된 내용이 아니라, 언약백성인 민족과 하나님이 장차 이루실 세계복음화의 구속사역에 연결되어있음을 알았습니다.

애굽의 총리가 된 것이 인생의 꼭대기가 아님을 알았기에 복수하거나 성공을 과시하지 않았습니다. 오히려 자신을 통해 하나님이 하시는 일을 불신 현장인 애굽전역과 주변국에 증거하며 하나님의 시간표를 기다렸습니다. 요셉에게 응답은 보디발집의 가정총무도, 간수장의 신임도, 애굽 전역을 다스리는 권세도 아니었습니다. 하나님이 하시고자 하는 일의 성취였고, 구속사역에 쓰임받는 것이었습니다.

하나님은 우리를 예배자로 부르셨습니다. 예배는 하나님이 하나님 되심을 인정하는 것입니다. 그래서 예배는 우리의 존재 이유요 신앙생활의 전부입니다. 전도의 시작과 결론입니다. 함께 모여 예배하든지, 개인이 혼자 삶의 현장에서 예배하든지 우리의 예배가 하나님이 소원하시는 구속사역과 연결되는 경배와 영광과 찬양과 산 제사의 예배 되기를 간절히 소원합니다.

이는 너희가 드릴
영적 예배니라

요즘 들어 저 개인적으로는 시간의 여유가 그 어느 때보다 많아졌습니다. 목회와 여러 현장사역과 훈련들과 선교일정이 계속 진행되면서 바쁘게 지냈는데 모처럼 조용하고 여유있는 시간을 보내고 있습니다. 저뿐 아니라 많은 동료 교역자들과 성도님들도 이번 코로나19 바이러스 사태로 어쩔수 없이 모임과 활동 등에 제약을 받고 조심 하다보니 다들 비슷한 상황인 듯 합니다. 덕분에 여러 미뤄뒀던 중요한 일들도 하고, 모이기 힘든 상황에서 인도받을 수 있는 여러 사역과 예배를 부교역자들과 연구하면서 교회에 필요한 컨텐츠와 중요한 시스템도 새롭게 세우는 응답을 받고 있습니다. 그러면서 우리가 그동안 자유롭게 누렸던 예배와 모임과 훈련이 얼마나 소중한 것인지 새삼 깨닫게됩니다.

지금도 세계에는 종교의 자유, 집회의 자유가 없는 곳이 많습니다. 재작년인가 대학로 문화전도학교에서 뮤지컬 공연을 했습니다. 그때 중국에서 온 렘넌트가 복음 내용으로 공연을 하고 관객들이 함께 찬양하는 모습을 너무 신기해했습니다. 그렇습니다. 중국에서는 과거에는 물론이고 많이 개방이 되었다고 하는 지금도 상상할 수 없는 일입니다. 공산주의 국가 말고도 종교를 탄압하고 교회를 억압하는 현장은 지금도 세계 곳곳에 있습니다. 그리고 그곳에 생명을 걸고 예배하며 전도하고 선교하는 하나님이 예비하신 제자들이 있습니다.

초대교회는 핍박 중에도 날마다 마음을 같이하여 성전에 모이기를 힘썼습니다. 바울은 히브리서에서 "모이기를 폐하는 어떤 사람들의 습관과 같이하지 말고 오직 권하여 그 날이 가까움을 볼수록 더욱 그리하자" 말씀했습니다. 사탄은 시대의 문제와 재앙을 이용해서 교회를 공격하고 성도들을 틈탑니다. 정치를 이용해서 함께 모여 예배드리는 것을 금하기도 합니다. 사람들도 개인주의의 영향으로 신앙과 교회생활을 분리해서 생각하거나,

교회공동체에 대해 부정적인 생각들을 가지고 있는 경우가 많습니다. 그러나 시대가 어렵고 악할수록 복음의 불씨는 더욱 타오르고 커져가는 것이 지나온 교회의 역사였습니다.

생각해보면 우리는 늘 갈림길에 서 있습니다. 예배의 자리에 나아와 중심으로 하나님 앞에 예배드릴 수도 있고, 앉아 있지만 마음과 생각은 다른 것에 빼앗긴 채 주시는 은혜를 그냥 흘려보낼 수도 있습니다. 하나님을 만나는 예배보다 사람을 만나는 일과 당장 급한 일을 해결하는 것에 우선순위를 둘 수도 있습니다. 언제든지 드릴 수 있는 예배여서 지금 드려야 할 예배를 놓칠 때도 많습니다. 핍박의 때나 신앙생활이 제한받는 상황이 아니라도 예배는 언제나 하나님의 백성이 생명을 걸 만큼 최우선 순위인데 말입니다. 감사하게도 이런 시간을 통해 교회와 예배를 다시 생각하게 되었습니다. 그리고 모이는 교회 이전에 흩어진 교회, 개인성전, 가정성전, 현장성전을 점검하고 있습니다. 하나님은 우리가 그 모든 현장에서도 예배자로 서기를 원하십니다. 그래서 이 시간들을 우리에게 허락하셨는지 모릅니다. 우리는 지금 갈급한 마음으로 하나님이 원하시는 예배에 함께 집중하고 있고 무너진 현장의 단을 다시 쌓는 인도를 받고 있습니다.

인터넷 생방송예배를 드린지 한주 두주가 지나가면서 얼굴을 보지 못하는 성도들이 문득문득 보고 싶고 생각이 납니다. 하루 속히 이번 사태가 안정되어 전 성도가 함께 모여 예배 드렸으면 좋겠습니다. 아마도 그 때면 저나 우리 성도들 모두가 이전보다 더 큰 감동의 예배를 드릴 것 같습니다. 예배가 당연한 축복이 아니라 은혜가 필요한 축복임을 알았기 때문입니다. 그리고 흩어진 현장 성전이 든든할 때 모이는 성전이 더 큰 힘을 얻을 것입니다. 또한 그 축복이 우리가 기도하는 강북RUTC와 언약성전으로 열매 맺게 될 것입니다.

나중심의
각인을 바꾸는
예배

창3장 사건 이후 하나님을 떠난 모든 사람은 나 중심으로 살아갑니다. 본능적으로 내가 주인되어 판단하고 선택하며 나를 위한 삶을 삽니다. 세상의 교육과 문화와 사회는 나 자신이 주체가 되는 삶, 자기성취, 자기실현, 나를 찾으라 말합니다. 내가 내 인생의 주인이 되어야 비로소 행복하다고 하는 이 모든 말들은 참으로 설득력 있고 매력적이어서 사람들의 마음과 귀를 솔깃하게 합니다.

특히 자녀를 많이 낳지 않는 요즘은 그 어느 때보다 부모들이 자녀에게 집중하는 것 같습니다. 부부중심이 아니라 자녀중심의 삶을 사는 가정들이 많습니다. 한 둘밖에 없는 귀한 자녀이기에 부모들은 가급적이면 자녀가 원하는 것을 다 해주고 싶어합니다. 심지어 자녀들이 요구하기도 전에 유행을 따라 장난감이든 옷이든 필요한 것을 미리 챙겨 주는 부모도 많습니다. 그런데 그것이 결국 자녀에게 독이 된다고 교육전문가들이나 학자들은 말합니다. 성장배경 속에서 자기중심으로 욕구충족이 된 아이들이 오히려 집중력과 성취욕이 떨어지고 무엇에든지 쉽게 흥미를 잃는 경향이 있습니다. 감정을 잘 통제하지 못하고, 특히 자신이 인정받지 못하거나 받아들여지지 않는 상황을 견디기 힘들어합니다. 거절 당하는 상황이나 경쟁에서 지는 것에 대해 수용하지 못하고 자신의 감정을 잘 다스리지 못하는 것입니다. 흔히 말하는 온실 속의 화초로 자란 결과입니다.

어릴 때는 세상의 모든 것이 나중심으로 움직이는 것 같지만 성장하면서 그게 아니라는 것을 사람들은 깨닫습니다. 내가 할 수 있는 일 보다 할 수 없는 일이 더 많고, 아무리 노력하고 원해도 소유할 수 없는 것들이 많다는 것도 알게 됩니다. 무엇보다 내가 세상의 중심도 내 인생의 중심도 될 수 없다는 사실을 직면하게 됩니다. 그럼

에도 불구하고 우리는 여전히 나중심에서 벗어나는 것도 나를 내려놓는 것도 어려워합니다.

그런데 성경은 하나님과 함께하지 않는 나중심은 죄요 우상숭배라고 말씀합니다. 진정한 나를 찾으려면 내가 죽고 내 안에 그리스도께서 사셔야 합니다. 내가 주인 된 것을 버리고 하나님이 주인 되어야만 원래 인간의 참 행복을 회복할 수 있습니다. 그런데 예수 그리스도를 인생의 주인으로 바꾼 성도라도 순간 나중심으로 돌아가기 쉽습니다. 내가 우상 된 나중심은 세포에까지 뿌리내린 오래된 각인이고, 도저히 빠져나오기 힘든 사탄의 올무며, 거의 본능에 가깝습니다. 그래서 우리는 날마다 그리스도를 신앙고백 해야 합니다. 그리스도의 삼중직으로 내가 주인되게 하는 사탄의 세력을 수시로 결박해야 합니다. 예배를 통해 하나님이 주인 되시도록 마음과 생각과 삶을 언약의 말씀으로 채워야 합니다.

요셉은 어릴 때부터 아버지와 함께 단을 쌓으며 하나님 앞에 섰습니다. 반복해서 드리는 제사를 통해 하나님의 임재를 체험했고, 아버지에게서 언약의 하나님에 대한 이야기를 계속 들었습니다. 그러던 17세의 어느 날, 요셉은 꿈을 통해 언약의 하나님을 만났습니다. 자기 인생에 대해 하나님이 하실 일을 알게 된 것입니다. 그때부터 요셉은 나중심이 아닌 하나님중심의 삶에 구체적인 인도를 받았습니다. 그런데 그 과정은 보란 듯이 멋지고 화려한 승리가 아니라, 망한 것 같고 희망이 없는 것 같은 절망적인 상황의 연속이었습니다. 형들에게 미움을 받고 죽임을 당할 처지에 빠졌다가, 노예로 애굽의 군대장관인 보디발의 집에 팔려 갔습니다. 거기서 가정총무가 될 만큼 인정을 받았지만, 보디발의 아내에게 누명을 쓰고 하루아침에 죄수로 감옥에 갇혔습니다. 그리고 삼십세가 되는 어느 날 바로왕의 꿈을 해석해 주며 애굽의 총리가 되었습니다.

우리는 요셉의 말을 통해 요셉의 실제 중심을 잘 확인할 수 있습니다. 보디발은 노예로 끌려온 어린 요셉의 모든 말과 행동이 하나님께 영광 돌리는 것을 들으며 하나님이 요셉과 함께하시며 범사에 형통케 하심을 보았습니다. 보디발의 아내가 유혹했을 때 요셉은 하나님께 죄를 지을 수 없다며 피했습니다. 바로왕의 술 맡은 관원장과 떡 맡은 관원장의 꿈을 해석해 줄 때도 해석은 하나님께 있다며 그들의 꿈을 풀어주었습니다. 악몽의 해석을 위해 바로왕 앞에 섰을 때, 요셉은 내가 아니라 하나님께서 왕에게 편안한 대답을 하시리이다, 하나님이 장차 하실 일을 왕에게 보이심이라 말하며 모든 영광을 하나님께 돌렸습니다. 심지어 형들에게 나를 이리로 보낸 이는 당신들이 아니요 하나님이시라 고백했습니다. 그렇습니다. 요셉의 말의 주어는 늘 하나님입니다. 하나님이 하셨고 하나님이 하고 계시며 하나님이 하실 것이라는 믿음을 요셉은 실제로 가졌습니다. 그래서 최악의 상황에서나 최고의 자리에서나 변함없이 나중심이 아닌 하나님중심의 인도를 받았습니다.

하나님은 하나님의 시선으로 모든 것을 보는 제자를 찾으십니다. 복음의 시선으로 현장을 보는 일꾼을 쓰십니다. 그런 시선이 열리려면 먼저 나의 중심을 하나님중심으로 바꾸어야 합니다. 어렵지만 가능합니다. 매일 드리는 삶의 예배를 통해 응답받을 수 있습니다. 우리의 자녀와 후대가 중심을 바꾸는 예배를 끊임없이 지속한다면 가능합니다. 예배는 모든 응답의 시작이자 결론이기 때문입니다.

영적 정체성다운
예배를 회복하라

세상이 혼란스럽고 시대가 어렵습니다. 코로나바이러스 같은 세계적인 재앙이나 경제와 정치 같은 특정한 사회문제 때문이 아니라, 원래 그럴 수 밖에 없는 당연한 일들이 일어나고 있습니다. 특별히 선거 이후 교회와 나라의 미래를 걱정하는 분들이 많습니다. 성경은 이미 오래전부터 "너는 이것을 알라 말세에 고통하는 때가 이르러 사람들이 자기를 사랑하며 돈을 사랑하며 자랑하며 교만하며 비방하며 부모를 거역하며 감사하지 아니하며 거룩하지 아니하며 무정하며 원통함을 풀지 아니하며 모함하며 절제하지 못하며 사나우며 선한 것을 좋아하지 아니하며 배신하며 조급하며 자만하며 쾌락을 사랑하기를 하나님 사랑하는 것보다 더하며 경건의 모양은 있으나 경건의 능력은 부인하니 이같은 자들에게서 네가 돌아서라"

말씀하고 있습니다. 언약 밖에 있는 지도자나 정당이나 정치인의 문제가 아니라, 세상 임금노릇하며 공중권세를 잡고 있는 사단의 배경 아래 있는 세상의 미래를 성도들에게 미리 경고하고 조언하는 말씀입니다.

성경과 교회사를 보면 고난과 핍박은 오히려 복음을 더 가치있게 하고, 성도를 더 순수하게 했으며, 하나님의 역사가 일어나는 통로였습니다. 실제로 B.C 64년 네로 황제부터 시작하여 303년 디오클레티아누스 황제에 이르기까지 기독교를 향한 로마의 핍박은 수많은 기독교인의 생명을 앗아갔습니다. 하지만 결과적으로 핍박은 기독교를 말살하기보다는 오히려 기독교의 순수성을 보존하고 신앙의 깊이를 더하는 역할을 했습니다. 그리고 이런 현실 속에서 초대교회는 목숨을 건 선교를 감당했습니다. 로마의 핍박으로 흩어진 제자들을 통해 아시아와 유럽 지역의 이방인에게까지 복음이 증거되었습니다. 로마가 세계를 정복하기 위해 닦은 길은 복음이 증거되는 전도자의 길이 되었고, 로마 전역과 지중해 지역에 보편적으로 사용된 헬라어는 핍박자의 언어가 아니라 복음서신과 메시지가 전달되는 도구가 되었습니다. 그리고 결국 313년에 선포된 밀라노 칙령을 기점으로 기독교는 신앙의 자유를 얻었으며, 380년에 이르러서는 핍박의 본거지이자 세계의 수도였던 로마의 국교가 되었습니다.

하나님의 계획 속에 있는 우리의 인생도 마찬가지입니다. 내부적인 고난이나 외부적인 핍박 없이 하나님의 일을 감당하고 쓰임받는 사람은 없습니다. 어릴 때부터 복음을 체험하고 언약을 이해하며 단을 쌓는 영적비밀을 가진 이삭도 요셉도 사무엘도 인생에 있어 크고 작은 시련과 위기를 통과해야만 했습니다. 저 역시 영적문제와 위기를 통해 그리스도의 복음을 체험했고, 죽음의 문제와 육신적인 고통 앞에서 삶의 이유와 방향을 점검하고 결단하는 시간을 보냈습니다. 생각해보면 두 번 다시 경험하고 싶지 않은 절망과 고통의 시간이었지만, 그 시간들이 지금의 나를 만들었습니다. 성도들의 인생에서도 하나님을 찾고 엎드릴 수 밖에 없었던 깊은 상처와 그래서 더 간절한 복음의 이유를 저는 늘 확인합니다. 그리고 그로 인해 오직 복음에 집중시키시고 말씀으로 무장시키셔서 하나님의 일을 이루시는 것을 봅니다. 그렇다면 언약 안에 있는 우리는 세상과 현실 앞에 불신앙 하거나 염려하거나 두려워할 필요가 없습니다. 그것이 아무리 위협적이고 강력해 보여도 하나님의 일을 폐할 수 없으며 전도자의 길을 막을 수 없습니다. 필요하다면 하나님은 악의 역사조차 하나님의 일에 사용하십니다.

어렵고 힘들수록 우리는 영적 정체성에 맞는 예배를 드리고, 영적 정체성다운 경배를 회복해야 합니다. 나중심의 예배, 형식적이고 종교적이며 의무감에 의한 예배는 예배가 아닙니다. 우리는 자녀의 정체성을 누리며 영광 돌리는 경배를 해야 합니다. 갈급함과 사모함으로 엎드려 하나님의 뜻을 구하고, 말씀 앞에 나를 드리는 단을 쌓아야 합니다. 하나님을 기뻐하며 예언된 언약을 확인하고, 성취된 말씀을 확신하며, 완성된 미래를 확증하는 예배를 드려야 합니다. 그런 경배가 내 삶에 지속되는 것이, 나를 향한 하나님의 뜻이며 현장을 변화시키고 세상을 살리는 가장 빠른 길입니다.

연약해 보여도 '나'라는 존재는 언약 안에서 한 가문이며 한 나라며 한 시대입니다. 그것이 하나님이 바라보시고 만들어 가시며 준비시키시는 나의 영적 정체성입니다. 그래서 오늘 내가 드리는 작은 예배가 중요합니다. 언약을 붙잡고 삶에서 진실된 경배를 지속하면 나의 영적상태가 변합니다. 복음의 말씀으로 충만한 나의 영적상태는 민족과 세계의 영적흐름으로 전달됩니다. 나의 영적상태에 따라 하나님과 단절되어 영적문제와 영적무능 가운데 빠진 현장에 전도의 문을 여십니다. 현장과 세상의 영적흐름, 그 멸망의 흐름을 바꾸는 가장 확실하고 빠른 방법은 나의 영적흐름을 바꾸는 경배를 생활화하는 것입니다. 원망과 불평과 불신앙은 연약하고 미련하고 무능한 것이지만, 예배와 경배는 최고의 능력이자 응답입니다.

복음이 복음 되는
영적부흥의 시간표

Post Corona. 요즘 많이 접하게 되는 용어입니다. 이것은 포스트(post, 이후)와 코로나19의 합성어로, 코로나19 극복 이후 다가올 새로운 시대상황을 이르는 말입니다. 첫 발생지인 중국을 기준으로 보면 7개월의 시간이 지나고 있는데 여전히 전세계적인 대유행을 일컫는 팬데믹현상은 지속되고 있습니다. 우리나라와 일부 국가들은 다행히 진정세에 접어들었으나, 미국이나 유럽의 여러 나라들은 여전히 확산세가 멈추지 않고 있으며 아프리카 대륙은 거의 무방비 상태에 놓여 있다고 볼 수 있습니다. 예상보다 긴 시간 전세계적으로 사회전반에 영향을 주다 보니 '포스트 코로나' 라는 용어가 다방면에서 언급되고 있습니다. 그만큼 이번 코로나사태는 유례가 없을 만큼 전 세계에 큰 영향과 변화를 주고 있다는 방증입니다.

전문가들에 의하면 코로나바이러스는 하반기에도 우리의 삶에 계속될 가능성이 크다고 합니다. 국경이나 도시를 완전 폐쇄하지 않는 이상, 바이러스가 완전종결 되는 것은 거의 불가능합니다. 아무리 개인이 조심하고 국가 차원의 방역을 해도 거리이동과 사회활동을 통한 감염과 확산을 완전히 통제할 수는 없기 때문입니다. 다만 철저한 관리와 방역으로 확산세를 감소시키고, 백신이 출시되어 빨리 치료받는 길이 열리고, 항체가 생겨 감기나 독감을 대하듯 차츰 그렇게 이겨나가게 되지 않을까 싶습니다.

코로나사태가 우리 사회에 장기화되면서 대면접촉을 기피하는 언택트문화가 자연스럽게 확산되고 있습니다. 이는 단순히 사람 간의 문제 만이 아니라 정치. 경제. 사회. 문화 등 모든 영역에 일어나는 대변화입니다. 실제로 물리적 접촉을 최소화하는 원격교육 및 재택근무나 원격의료 등은 현실화되었고, 4차산업의 가속화와 함께 우리의 삶도 그 영향을 크게 받게 될 전망입니다. 그뿐 아니라 경제수준과 산업발달 정도 등으로만 평가했던 기존의 전통적인 선진국 개념이 위기 대응력과 사회 안전망, 의료시스템 수준과 시민의식 등을 포함하는 개념으로 바뀌게 된다고 합니다. 또한 특정 국가 의존도가 높은 핵심 산업과 기업을 자국으로 불러들이는 탈세계화 정책이 심화되고, 특정 나라가 국제사회에서 절대적인 영향력을 발휘하는 글로벌 리더십 또한 점차 붕괴될 것이라고 합니다.

이번 코로나바이러스 사태는 환경적인 측면에서 보면 그동안 자행된 인류의 무모한 개발과 환경파괴에 경종을 울리는 것입니다. 역사를 거슬러 올라가보면 인류는 오래 전부터 세균과 바이러스로 인한 감염병의 공격을 받아왔고, 이것은 우리의 삶에 많은 영향을 미쳤습니다. 특히 21세기에 들어 변이 바이러스의 잦은 출현이 인류를 위협하고 있는데, 전문가들은 무차별적 환경파괴로 인해 동물들의 서식지가 감소한 것을 주원인으로 꼽습니다. 즉, 서식지가 줄어들자 바이러스를 보유한 동물이 인간이 있는 곳에 내려오면서 인간의 접촉이 잦아지면서 생겨났다고 지적합니다. 환경파괴로 인한 지구온난화 현상은 지금도 문제지만 장차 우리의 삶에 코로나바이러스 이상으로 큰 재앙을 가져다 줄 것입니다. 그렇게 보면 대책도 답도 참 묘연합니다. 한 나라나 몇몇 국가의 노력으로 막을 수 있는 문제가 아닙니다.

Post Corona. 영적으로도 신앙적으로도 변화가 일어날 것입니다. 실제로 대면접촉을 꺼리는 사회적 분위기가 장기화되어 성도들의 교제와 교회생활이 소원해질 수도 있습니다. 하지만 저는 성경의 본질 속으로 복음 속으로 더 들어가는 변화가 일어나는 축복의 시간표가 될 수 있다고 믿습니다. 코로나 때문에 교회도 못 가고, 교회 경제도 어렵고, 예배도 제한받고 얼마나 힘든데 무슨 말이냐고 반문할 수도 있습니다. 현실은 그렇습니다. 맞습니다. 하지만 성경은 그렇게 말씀하고 있지 않습니다. 시대가 아무리 어렵고 힘들어도, 재앙이 닥쳐도, 심지어 핍박이 일어나도 괜찮다고 말씀합니다. "그 중의 십분의 일이 아직 남아 있을지라도 이것도 황폐하게 될 것이나 밤나무와 상수리나무가 베임을 당하여도 그 그루터기는 남아 있는 것 같이 거룩한 씨가 이 땅의 그루터기니라" 어떤 재앙이나 문제에도 하나님의 계획은 성취되며 복음화의 역사는 진행됩니다. 막히는 것 같고 안되는 것 같은 상황에 속으면 안됩니다.

다시금 코로나바이러스 확진자가 증가하면서 교회와 예배에 대한 정부의 규제와 압박이 들어올 때 종교활동의 자유를 탄압하는 현실, 특히 교회를 억압하는 것에 화가 났습니다. 그런데 어떻게 인도받으면 좋을지 기도하는 가운데 마음과 생각에 하나님이 응답을 주셨습니다. 괜찮다. 문제 될 것 없다. 본질에 충실하게 또 갱신하는 시간표라는 확신이 들었습니다. 전쟁시대, 재난시대, 핍박시대에도 복음은 증거되었고 전도운동은 더 힘차게 일어났으며 교회는 사명을 감당했습니다.

그렇습니다. 시대의 흐름을 보되 영적으로 깨어 기도하며 그 흐름을 파고 들어가 오직 복음, 오직 말씀, 오직 예배, 오직 전도에 집중할 수 있는 시스템을 갖추면 재앙이 발판이 되고 축복이 된다는 확신이 들었습니다. 세상의 그 어떤 것도 하나님의 일을 그의 백성을 예배를 막을 수는 없습니다.

　　Post Corona. 저는 복음이 복음 되고, 복음 가진 교
회와 후대를 통해 성경적인 전도운동이 일어나는 영적인
부흥을 꿈꿉니다.

언약의 여정을 가는
대박인생

사람들은 보통 눈에 보이는 현실과 객관적으로 드러난 사실을 믿습니다. 신문이나 뉴스는 주로 그런 현실과 사실을 다룹니다. 그러나 현실과 사실 너머에 있는 진실은 다를 수 있습니다. 시간이나 연구가 필요합니다. 역사는 주로 이런 진실까지 다룹니다. 그런데 진실은 우리가 알고 있는 사실과 차이가 있을 수 있습니다. 사람들이 믿는 진실도 어디까지나 사람들의 이성과 관점에 의한 이해와 평가일 뿐 절대적인 내용은 아닙니다.

설령 오랜 시간에 걸친 고찰과 검증으로 밝혀졌다고 해도 언제든지 뒤집힐 수 있습니다. 그런데 진실 이면에는 영적사실이 있습니다. 이것은 아는 사람만 아는 내용입니다. 역사와 지식과 과학으로 설명할 수 없는, 영적인 부분이기 때문입니다. 그런데 하나님의 말씀인 성경은 이 사실에 대해 분명하고 정확하고 말씀하고 있습니다.

성경에는 누구나 읽어도 이해되는 내용이 있습니다. 그러나 믿음이 없는 사람은 이해할 수 없고, 구원받은 사람만이 이해할 수 있는 내용도 있습니다. 그뿐 아니라 영적인 사실을 아는 사람만이 이해할 수 있는 터무니없어 보이는 내용도 있습니다. 그래서 성경은 단순한 역사서나 위인전이나 경전이 아니라 영적인 것을 담고 있는 계시의 말씀입니다. 현실과 사실 이면에 있는 진실과 그 배경이 되는 영적사실을 다루는 하나님의 말씀입니다. 그래서 누가 어떻게 읽느냐에 따라 성경은 다르게 이해하고 받아들일 수 밖에 없습니다.

우리가 사는 이 시대를 한때는 불확실성의 시대로 일컬었습니다. 그 말은 사회를 주도하는 지도원리가 사라진 시대, 변화가 극심하여 미래를 예측할 수 없는 상태의 현대사회를 단적으로 표현하는 말이었습니다. 현대로 갈수록 과거처럼 확신에 찬 경제학자도 자본가도 사회주의자도 존재하지 않고, 진리라고 여겨왔던 것들과 합리성과 이성에 근거한 체계도 의심스럽고, 어디로 가야할지 혼란스러운 시대라는 것입니다. 처음 시작은 경제분야에 대한 것이었지만, 20세기 말 사회전반에 걸쳐 적용되는 화두였습니다.

그러나 첨단과학기술의 발전과 미디어와 교통과 통신의 발달로 글로벌화가 급격히 진행되면서 전 세계는 그 어느 때보다도 문화와 문명의 꽃을 피웠기 때문에, 실제로 사람들의 기대와 교만은 하늘 가득 올라갔습니다. 불확실성들을 통제할 수 없다는 사실은 잊어버리고, 인간에게 불가능이란 없고 이 땅에 유토피아를 건설할 수 있다는 자만이 넘쳤습니다. 그만큼 20세기 말과 21세기 초에 이루어진 변화와 발전은 과거 수백 년의 업적을 갈아치울 만한 그런 대단한 것이었습니다. 그런데 그 빛나는 업적과 영광 뒤에 드리운 짙은 그림자는 지금 우리의 삶에 부메랑이 되어 돌아와 우리를 위협하고 있습니다. 불확실성을 줄여주는 정보가 넘치지만, 여전히 사람들의 마음과 생각은 불확실성에 잡혀 있습니다. 급증하는 각종 정신병, 우울증, 노이로제, 불안증 등이 그 증거입니다. 과학기술로 많은 것을 제어할 수 있는 시대이지만, 이번 코로나바이러스 사태와 지구온난화로 인한 여러 재앙을 직면하면서 그 한계를 절감하고 있습니다.

성경은 기록하고 있습니다. "이 예언의 말씀을 읽는 자와 듣는 자와 그 가운데에 기록한 것을 지키는 자는 복이 있나니 때가 가까움이라(계1:3)" "예수 그리스도는 어제나 오늘이나 영원토록 동일하시니라(히13:8)" 하나님은 시대 시대마다 렘넌트들을 부르셔서 하나님의 일을 맡기실 때면 늘 장차 하실 일을 미리 알려주셨습니다. 열심히 하다보면, 시간이 지나가다 보면, 결국 응답받고 승리하게 될 것이라고 무책임하게 말씀하지 않습니다. 절대주권 안에서 처음부터 완성된 미래를 미리 보여주셨습니다. 그리고 언약 안에 있으면 어떤 일이 생겨도, 내가 아무리 약해도, 어떤 현장에 가도, 모든 것이 하나님이 주신 언약의 응답이며 비전의 응답이고 꿈의 응답임을 약속하셨습니다. 그리고 인생의 방향을 하나님의 절대계획인 영혼구원과 전도운동, 절대목표인 영적치유에 맞추어 인도받으면 아무도 하지 못하고 아무도 가지 못하는 현장을 정복하고 사람을 살리는 미래의 응답을 주신다 약속하셨습니다.

예수를 믿는다는 것, 언약의 말씀을 가졌다는 것은 정말이지 인생에 있어 땡잡은 것입니다. 이보다 더 크고 확실한 보장은 없습니다. 우리는 보험만 잘 가입해도 일단은 안심을 합니다. 그러나 불확실한 인생, 언제 어디서 어떻게 터질 지 모르는 저주와 재앙을 다 보장해 줄 수는 없습니다. 연약하고 아무것도 아닌 내가 반드시 이루어질 미래를 미리 보고, 미리 소유하고, 미리 누리며, 미리 정복하고, 미리 성취하는 삶에 인도받는다면 이 보다 더 대박인 것은 없습니다. 그런데 그 축복과 보장이 구원받은 나에게 언약의 여정을 가는 우리에게 이미 와 있습니다. 교회를 통해 예배를 통해 말씀과 기도를 통해 언약을 누리기만 하면 됩니다. 할렐루야!!

교회가 갱신하고 준비할 것

시간이 참 빠르게 지나갑니다. 전 세계를 팬데믹 상황에 몰아넣은 코로나바이러스도 시간의 흐름을 막을 수는 없는 법. 어김없이 시간은 흘러 완연한 가을이 되었습니다. 어느새 선선한 날씨와 익숙함에 마스크 착용이 크게 불편하지 않는 그런 계절이 돌아왔습니다.

교회는 다양한 구성원들의 공동체입니다. 이런 교회를 섬기고 이끄는 목회자에게는 영육간에 의무와 책임이 따릅니다. 그래서 사회적인 상황과 감염확산을 막기 위한 정부의 여러 행정지침을 늘 주시합니다. 하지만 그렇다고 해서 교회의 본질을 놓치거나 마냥 타협해서는 안됩니다. 법과 질서를 지키면서도 변함없이 역할과 사명을 감당해야 합니다. 그래서 더 많은 기도와 도전과 갱신을 했던 지난 시간이었습니다.

코로나바이러스 상황이 악화되기 전, 2월에 저는 집회를 통해 "예배자"라는 언약을 붙잡았습니다. 하나님께 부름받은 아브라함은 예배자로 여생을 인도받았고, 이삭과 야곱과 요셉 또한 예배자로 언약의 바통을 이어갔습니다. 그들이 가는 곳마다 쌓은 단은 개인과 가문과 민족과 시대를 살리는 응답으로 연결되었습니다. 하나님이 2020년을 시작하며 주신 "제1.2.3 RUTC의 응답, 237 나라 살리는 주역교회, 강북 RUTC와 언약성전"의 성취를 위한 시작과 끝은 예배라는 결론을 하나님이 제 마음에 깊이 담아주셨습니다.

그런데 마침 코로나바이러스 사태가 터진 것입니다. 처음엔 이렇게까지 될 것이라고 생각 못했는데, 시간이 갈수록 언제 끝날지 장담할 수 없는 상황으로 진행되고 있습니다. '예배자'라는 언약을 잡았는데, 예배를 줄여야 하고 교회에 모이지 못하는 상황이 된 것입니다. 사회적인 분위기도 법적인 조치도 예배를 막고 교회를 통제하며 모이기를 폐하는 상황이 되어버렸습니다.

그때 저는 작년과 재작년 중국 당국이 교회와 기독교를 심하게 핍박할 당시의 상황이 생각났습니다. 많은 선교사님들이 추방당하고, 교회들이 문을 닫고, 집회가 금지되는 상황 중에 조심스럽게 들어가 하나님이 중국 교회와 성도들에게 하시는 일들을 보았습니다. 많은 숫자가 모이는 것은 할 수 없지만, 소수의 사람들이 곳곳에 모여 더 간절함과 사모함으로 말씀을 받았습니다. 선교사님의 사역과 활동이 제약되면서 오히려 현지인 제자들이 일어나 현장사역을 감당했습니다. 핍박 아래 지교회와 현장 캠프가 더 성경적으로 이루어짐을 확인했습니다.

중국과는 다르지만 사탄의 전략은 동일합니다. 정치와 사회적인 분위기를 이용해 교회와 성도를 핍박합니다. 궁극적으로는 하나님이 가장 기뻐하시는 예배와 전도를 막습니다. 그러나 우리가 알고 있는 것처럼 복음은 막을 수가 없습니다. 세계사적으로나 교회사적으로 분명하게 확인됩니다. 어려운 시대일수록 핍박이 심할수록 오히려 본질을 회복하는 교회와 성도가 일어나고, 제자가 세워지며, 바람 같은 불같은 성령의 역사가 일어납니다. 교회와 성도를 통해 구원을 이루시는 하나님의 역사와 뜻을 막을 존재는 그 누구도 없습니다.

지금은 무엇을 보느냐가 그 무엇보다 중요한 시점인 것 같습니다. 불평할 것, 비난할 것, 틀린 것, 안되는 것, 힘든 것을 따지면 너 나 할 것 없이 할 말이 많습니다. 끝도 없습니다. 사탄의 또 다른 전략은 성도들이 현실에 묶여 어영부영 시간을 보내게 하는 것입니다. 부정적이고 비관적인 세상의 시선에 갇혀 푯대를 향하여 위에서 부르신 부름의 상을 위하여 달려가지 못하게 하는 것입니다.

이런 시대일수록 개인과 교회에는 오직과 유일성과 재창조의 답이 필요합니다. 코로나는 모이는 교회는 막아도 흩어지는 교회는 막을 수 없습니다. 정치는 유형의 교회를 핍박해도 무형의 교회는 건드릴 수 없습니다. 위기시대 재앙시대 일수록 복음은 더 순수하게 드러나고, 교회는 더 본질을 회복하게 됩니다. 주일의 단 만이 아니라 매일의 단, 공예배 뿐 아니라 개인예배 가정예배 현장

예배가 회복됩니다.

　　많은 성도들이 우려합니다. 이젠 전도가 힘든 정도가 아니라 안될 것이라고도 말합니다. 맞습니다. 떠드는 전도, 교회로 사람을 모으는 전도는 더 이상 안될 것입니다. 차라리 잘 된 것인지도 모릅니다. 참전도, 성경적인 전도를 회복하는 기회가 주어졌기 때문입니다. 정확한 내용을 가지고 있으면 사람들이 답을 찾아올 것입니다. 시대가 갈수록 영육 간에 어려워지고 힘들어지기 때문에 복음으로 답을 주는 전도, 영혼을 살리는 전도, 치유하는 전도를 준비하면 됩니다. 그러기 위해서는 먼저 교회가 갱신해야 합니다. 조용히 그러면서 복음적으로 살리는 플랫폼과 치유의 시스템을 갖추어야 합니다. 성도들이 먼저 복음의 유일성을 확신하고, 그리스도에 답이 나야 합니다. 조용히 교회 안 사각지대를 황금어장으로 살리고, 그 힘으로 현장의 사각지대와 재앙지대를 황금어장으로 살려야 합니다. 그러기에 지금의 현실, 코로나 상황은 딱 좋은 시간표인지도 모릅니다.

우리가 알거니와
하나님을 사랑하는 자
곧 그의 뜻대로 부르심을
입은 자들에게는
모든 것이 합력하여
선을 이루느니라—

로마서 8장 28절

하나님은 영이시니 예배하는 자가 영과 진리로 예배할지니라
(요4:24)

하나님이여 내 영혼이 확정되었고 확정되었사오니
내가 노래하고 내가 찬송하리이다

(시57:7)

그러므로 형제들아 내가 하나님의 모든 자비하심으로 너희를 권
하노니 너희 몸을 하나님이 기뻐하시는 거룩한 산 제물로 드리라
이는 너희가 드릴 영적 예배니라
(롬12:1)

내가 그리스도와 함께 십자가에 못 박혔나니
그런즉 이제는 내가 사는 것이 아니요
오직 내 안에 그리스도께서 사시는 것이라
이제 내가 육체 가운데 사는 것은
나를 사랑하사 나를 위하여 자기 자신을 버리신
하나님의 아들을 믿는 믿음 안에서 사는 것이라
(갈2:20)

둘_
경배

네 발에서
신을 벗으라

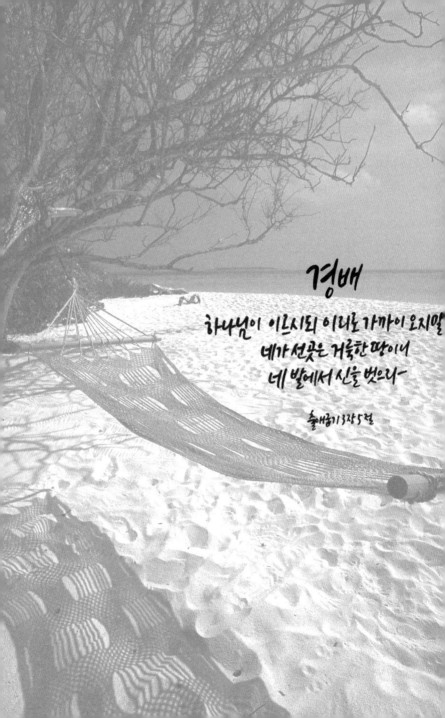

경배

하나님이 이르시되 이리로 가까이 오지말
네가 선곳은 거룩한 땅이니
네 발에서 신을 벗으라~

출애굽기3장5절

재앙시대를 막는 경배

"하늘에 계시는 주여 내가 눈을 들어 주께 향하나이다 상전의 손을 바라보는 종들의 눈같이, 여주인의 손을 바라보는 여종의 눈같이 우리의 눈이 여호와 우리 하나님을 바라보며 우리에게 은혜 베풀어 주시기를 기다리나이다" [시123:1-2]

하나님은 강단을 통해 계속해서 예배와 경배에 대한 말씀을 주시고 있습니다. 사단이 무릎 꿇는 응답과 237전도운동의 인도를 받으려면 가장 중요하고 우선적인 것이 언약의 단을 쌓는 일임을 강하게 말씀하십니다. 작년 한 해 성전건축을 두고 주신 말씀도 건물로써의 성전 이전에 보이지 않는 성전건축이 더 중요하다는 것이었습니다. 그래서 개인성전, 가정성전, 현장성전 회복을 위해 흩어져서 단을 쌓는 예배를 강조했습니다. 성도 개인과 가정과 현장에 언약의 단을 쌓는 예배를 통해 보이지 않는 성전이 회복될 때, 보이는 성전과 강북RUTC를 허락해 주실 것이란 확신이 들었기 때문입니다.

새해를 시작하면서 받은 말씀도 동일했습니다. 우리가 걸어온 길, 또 걸어가야 할 길 모두 그리스도의 언약을 잡고 단을 쌓는 것입니다. 오직 그리스도, 오직 하나님 나라, 오직 성령충만의 언약을 가지고 예배의 축복을 누리는 사람 앞에는 사탄이 무릎 꿇을 수 밖에 없고, 237 나라 살릴 전도운동의 문을 열어주신다 말씀하셨습니다. 이미 우리는 절대언약 안에 있는 자. 절대응답을 아는 자. 잘대 사명을 받은 자이며, 비밀선교사. 현장선교사. 기념비적 선교사이기 때문입니다.

받은 말씀을 가지고 한 해를 시작하며 모이는 교회와 흩어지는 교회를 위한 갱신을 하는 중에 신종코로나 19 바이러스 사태를 맞이하게 되었습니다. 어떻게 인도를 받아야 할 지 처음엔 좀 혼란스러웠습니다. 한 번도 성도들이 교회당에 함께 모이지 못하는 상황에 대해 생각해

보지 않았기 때문입니다. 그건 공산주의 국가나 이슬람 국가같이 기독교를 핍박하는 나라에서나 일어나는 일인 줄 알았는데, 실제로 국가적인 차원에서 예배와 소모임을 규제하는 현실에 마음이 복잡해졌습니다. 저의 신앙적인 고집 만이 아니라, 우리 단체와 교회와 성도들을 보호해야 하는 책임감도 컸기 때문입니다. 그런데 시간이 지나면서 하나님은 제게 평안을 주셨습니다. 이 모든 것이 하나님의 주권적인 역사 속에 있음이 믿어졌습니다. 끝까지 교회에 모이는 현장예배를 고수하는 목사님과 교회도, 인터넷예배로 인도받는 교회도 다 이해가 되어졌습니다. 재앙을 통해 성도들을 현장에 흩으셔서 단을 쌓게 하시는 하나님의 이유가 발견되었기 때문에 평안하면서도 감사합니다.

성경의 예언대로 갈수록 시대는 악해지고, 재앙과 재난은 계속되며, 다양한 이유로 성도의 예배를 막는 상황들은 벌어질 것입니다. 교회는 많은데 영적인 문제를 해결해 주는 교회는 적고, 성도는 많은데 영적인 힘을 가진 제자는 적으며, 말씀이 희귀해지는 시대가 올 것입니다. 그런데 이번에 그런 시대를 미리 내다보면서 교회가 어떻게 재앙을 막는 복음운동을 하고, 제자를 세우는 전도운동을 해야할 지 고민하고 답을 찾게 되었습니다.

코로나바이러스 사태를 통해 미래를 준비하고 갱신하는 응답을 지금 저와 우리 교회는 받고 있습니다. 실제로 성도들은 삶의 현장인 가정에서 단을 쌓는 영적싸움과 축복을 체험하고 있고, 교역자들과 제자들은 시대의 변화에 맞추어 지속가능한 예배와 전도시스템을 갖추고 있습니다. 성경대로 오직 그리스도, 오직 하나님 나라, 오직 성령충만의 길을 따라 오직 복음, 오직 기도, 오직 전도의 그릇을 준비하는 겁니다.

시대와 상관없이 인생의 영원한 본질이자 인간의 본질은 예배와 경배입니다. 하나님은 우리를 예배자로 부르셨습니다. 하나님을 경외함으로 그 앞에 나아가 경배하는 예배를 하나님은 기뻐하십니다. 말씀과 기도와 찬양을 통해 하나님과 소통하며 주인 앞에 선 종과 같이 낮아짐으로 그 긍휼을 힘입기를 원하십니다. 주인의 그늘

아래 속한 종은 그 보호와 통치를 받는 것처럼, 우리는 하늘나라의 보호와 통치와 인도를 누려야 합니다. 시편의 기자는 그것을 상전의 손을 바라보는 종의 눈, 여주인의 손을 바라보는 여종의 눈으로 표현했습니다. 우리는 그 어느 때보다도 하나님의 은혜와 긍휼이 필요한 시대를 살고 있습니다. 경배의 축복, 예배의 축복이 절실한 시대입니다. 사슴이 시냇물을 찾기에 갈급함 같이, 어려운 시대 속에 우리의 모든 관심과 집중이 하나님을 향해 있기를 간절히 소원합니다.

하나님의 소원을
이루는 경배

　전 세계는 지금 공통의 관심사를 가지고 서로 소통하고 있습니다. 각국이 코로나바이러스와 싸우고 있는 모습은 마치 전쟁과도 같습니다. 어쩜 총칼로 하는 무력전쟁 보다 더 광범위하게 퍼져 나가는데, 언제까지 어디까지 미칠지 모르는 불확실한 상황입니다. 오늘 날짜로 코로나19 바이러스는 215개국에서 발생했고, 확진자는 15,488,200명이며, 사망자는 94,568명으로 보고되었습니다. 발생 초기에는 4~5월이면 확산 추세가 꺾이리라 예상했는데 지금은 올해 말이나 내년 초까지 가겠다는 예견들이 나오고 있습니다. 방심할 수 없는 것은 일시에 시작해서 동시에 종식되는 문제가 아니라, 세계적으로 돌고 돌 수 있는 상황이라 더욱 그렇습니다. 물론 치료하는 백신이 개발되면 상황은 현저히 좋아지겠지만 말입니다.

1, 2차 세계대전이 종식된 지 75년이 지난 오늘날, 이번 바이러스 사태는 인명피해를 제외한 경제. 사회. 정치적 영향이 그에 버금갈 만큼 전 세계에 미칠 것으로 예상되고 있습니다. 심지어 방역이나 의료과학이 최첨단을 달리고 있음에도 속수무책인 세계의 상황을 목도하고 있습니다. 감염의 문제로 인해 죽음을 충분히 애도할 겨를도 없이, 심지어 장례도 제대로 치르지 못하는 상황이 여러 나라에서 벌어지고 있습니다. 시신이 방치되고, 냉동고나 냉동차에 보관하는 것도 모자라 매몰하는 것을 보며, 선진국에서 어떻게 이런 일들이 일어날까 하는 생각이 듭니다. 인권을 강조하며 선진적인 사회 시스템을 자랑하던 그들이 예기치 못한 상황 앞에 난감해하는 모습을 보며, 합리적이고 체계적이며 미래지향적이라는 인간조직의 한계도 실감하게 됩니다.

자칭 만물의 영장이라 뽐내는 우리 인간은 하나님을 떠난 타락 이후 바벨탑의 본성을 가지고 있습니다. 하나님처럼 될 수 있다며 선악과를 따 먹도록 유혹한 사탄의 메시지가 영적DNA로 영혼에 각인되어있습니다. 탑을 쌓되 하늘에 닿게 하여 우리 이름을 내자고 했던 창세기 11장의 바벨탑은 무너졌지만, 사람들은 끊임없이 모양을 달리한 각양의 바벨탑을 쌓고 있습니다. 죽으라 노력해서 올라간 포도나무에서 너무도 시고 맛없는 포도를 맛보았지만, 그것을 먹기 위해 흘린 땀과 수고가 헛된 것이었다고 말할 수 없어서 여전히 포도나무에 오르기 위해 발버둥치는 수많은 여우들에게 열매가 진짜 맛있다고 거짓말하는 우화 속의 여우와도 같습니다.

시간이 지나면 바이러스 상황은 어떤 방식으로든지 점차 해결될 것입니다. 그러나 완전한 해결은 아닙니다. 얼마든지 다른 신종 바이러스나 변종 바이러스가 출현하고 우리의 안전은 계속 위협당할 것입니다. 저는 이번 사태를 겪으며 세계적인 재앙을 인간이 얼마나 지혜롭게 잘 극복하고 이겨냈는지에 사람들이 초점을 맞추지 않기를 바랍니다. 그것은 또 다른 억지 바벨탑이 될 수 있기 때문입니다. 오히려 사람들이 인간의 나약함을 인정하고, 조직이나 제도의 불완전성도 인정하며, 절대주권자이며 창조주이신 하나님을 향한 참 경배를 회복하기 원합니다.

개인과 사회와 국가와 전 세계가 하나님의 은혜가 필요함을 느끼고 인정하길 바랍니다. 사랑의 하나님은 언제나 깨닫고 돌이키는 자를 기뻐하십니다. 용서하시고 긍휼을 베푸십니다. 낮아짐으로 경배하는 자에게 그 뜻을 돌이키십니다.

성경에 예언된 대로 세상과 시대가 하나님을 멀리하고 있습니다. 저마다 자기 소견에 옳은 대로 살아갑니다. 교회가 오직의 복음과 유일성의 복음을 말하지 않고, 성도마저도 세상과 타협하며 영적인 힘 없이 살아가고 있습니다. 하지만 네피림시대에 하나님은 노아를 세우셨고 아브라함을 부르셨고 모세를 보내셨습니다. 참 경배의 비밀을 가진 그들을 통해 하나님의 일을 이루셨습니다. 언약의 단과 순종의 단을 쌓는 그들을 통해 하나님 나라를 이루는 전도운동의 역사를 일으키셨습니다. 재앙시대와 위기시대에 믿음의 사람들이 할 수 있는 것은 단을 쌓는 것입니다. 예배를 통해 하나님을 경배해야 합니다. 종의 자세로 낮아져서 하나님의 뜻을 구하는 경배 만이 재앙을 막는 길이며, 언약의 방주를 짓는 것 만이 살 길입니다.

시대를 통해 변함이 없는 하나님의 뜻과 계획은 영혼구원과 전도운동입니다. 오늘날 우리는 하나님이 원하시고 이루시는 전도를 깊이 생각해야 합니다. 나를 통해, 우리 교회를 통해, 재앙 만난 이 시대를 통해, 하나님이 하시고자 하는 전도운동을 미리 보는 응답을 받아야 합니다. 반복되는 역사를 보면, 인간의 교만과 타락 이후에는 반드시 심판이 있었고 심판 이후에는 영적부흥과 회복의 역사가 있었습니다. 그래서 저는 이 재앙의 끝에 영적부흥의 역사가 일어나기를 소원합니다. 성도들이 더 겸비하여 하나님을 경외하는 예배자로 서고, 언약을 품은 렘넌트들이 일어나며, 전 세계 사람들이 주께로 돌아오는 회개를 통해 부흥의 역사와 생명의 역사가 일어나기를 간절히 기도합니다.

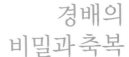

경배의 비밀과 축복

영적인 존재인 인간은 하나님을 떠난 이후 본능적으로 어떤 대상에 대해 경배를 합니다. 그 대상은 눈에 보일 수도 있고, 보이지 않을 수도 있습니다. 구체적인 사물이나 형상이나 사람일 수도 있지만, 사상이나 철학이나 신념일 수도 있습니다. 사람마다 다양한 듯 하지만 실제 경배의 대상은 영적으로 두 종류입니다. 하나님을 경배하는 것 말고는 다 귀신을 섬기는 것입니다. 하나님 외에 경배하는 모든 내용은 사탄을 경배하는 것이며, 우상숭배입니다. 심지어 하나님 없이 나 중심으로 살아가는 모든 것이 우상숭배입니다.

하나님을 떠난 인간은 하나님을 찾는 본능과 함께 하나님 없이 살려는 본능을 가지고 있습니다. 이 두 가지를 충족하는 것이 우상숭배입니다. 대체 불가한 하나님의 자리에 하나님 아닌 다른 것을 두고 경배하는 것입니다. 이는 인간의 영적본능을 이용하는 사탄의 전략입니다. 보이는 형상 우상을 섬기는 것은 수준이 낮아 보이고, 명상을 통해 자신을 믿거나 보이지 않는 세계를 추구하는 것는 그럴듯해 보여도 결국은 다 귀신을 경배하는 우상숭배이며 영적으로는 동일한 수준입니다.

경배에는 놀라운 영적비밀이 숨겨져 있습니다. 하나님께 절대순종 해야하는 피조물이자 찬양을 담당하던 천사도 하나님이 받으시는 경배를 탐내다가 저주받고 땅으로 쫓겨나 사탄이 되었습니다. 그리고 여전히 포기하지 않고, 하나님께 돌아가야 하는 경배를 가로채는 존재로 역사하고 있습니다. 사탄 충만한 사이비 이단의 교주나 종교지도자들은 실제로 자신을 신격화해서 사람들로 하여금 경배하도록 미혹합니다. 심지어 사람들은 신비한 자연현상을 경배하기도 하고, 학문이나 예술이나 과학 등을 경배하며 종교화하기도 합니다.

마태복음 4장에 보면 예수님은 공생애 사역을 시작하시기 전에 성령에 이끌리어 광야에서 마귀에게 시험을 당하셨습니다. 사십 일을 밤낮으로 금식하신 후에 주리신 상태에 있을 때 "네가 만일 하나님의 아들이어든 명하여 이 돌들로 떡덩이가 되게하라", 거룩한 성으로 데려다가 성전 꼭대기에 세우고는 "네가 만일 하나님의 아들이어든 뛰어내리라" 시험했습니다. 예수님은 그 모든 시험을 기록된 말씀으로 싸워 이기셨습니다. 그리고 마지막 시험은 경배에 대한 것이었습니다. 마귀는 예수님을 지극히 높은 산으로 데리고 가서 천하만국과 그 영광을 보여주며 "만일 내게 엎드려 경배하면 이 모든 것을 네게 주겠다"고 했습니다. 그 때 예수님은 "사탄아 물러가라" 하시며 "주 너의 하나님께 경배하고 다만 그를 섬기라" 하셨고 비로소 마귀는 예수님을 떠나고 천사들이 나아와서 수종들었습니다.

사탄은 하나님처럼, 하나님 자리에서 경배를 받기 원합니다. 그래서 사람들에게 자신의 통치 아래 있는 천하만국과 그 영광을 보여주며 유혹합니다. 만일 내게 엎드려 경배하면 이 모든 것을 네게 주리라. 이는 실제로 사탄을 경배하고 섬기는 세상 지도자들이나 문화 예술인들이 권세와 힘과 능력을 가지는 배경이기도 합니다. 하나님을 모르는 사람들은 자신의 영혼을 팔아서라도 높은 곳에 서기 원하고, 최고가 되기를 원합니다. 결국 어느 날 허망하게 무너지는 바벨탑인 것을 모른 채, 경배의 대상보다 경배가 주는 달콤한 결과만 보고 망하는 길로 달려갑니다.

그런데, 마태복음 28장 부활하신 예수님이 공생애 사역을 마무리하시는 장면에서 우리는 진정한 경배의 축복을 확인할 수 있습니다. 열 한 제자가 갈릴리에 가서 에수께서 지시하신 산에 이르러 부활하신 예수를 뵈옵고 경배할 때 주신 말씀입니다. "이르시되 하늘과 땅의 모든 권세를 내게 주셨으니 그러므로 너희는 가서 모든 민족을 제자로 삼아 아버지와 아들과 성령의 이름으로 세례를 베풀고 내가 너희에게 분부한 모든 것을 가르쳐 지키게 하라. 볼지어다 내가 세상 끝날까지 너희와 항상 함께 있으리라 하시니라". 우리가 부활하신 주님을 경배할 때 예수님은 하늘과 땅의 모든 권세를 가지고 우리와 영원히 함께 하신다 약속하셨습니다. 부활하신 주님을 경배하는 것은 성삼위 하나님의 일을 하는 전도자의 삶이며, 영원한 축복이 보장되는 비밀입니다.

우리는 경배하는 축복을 받은 존재입니다. 사탄을 경배하며 저주와 재앙 속에서 영원히 멸망해야 하는데, 만왕의 왕이시요 만유의 주되신 하나님을 경배하는 축복을 받았습니다. 부활하신 주님을 뵈옵고 경배하는 축복을 받았습니다. 그래서 이제 날마다 내 삶에 하나님만 영광 받으시는 경배, 그리스도가 주인 되시는 경배를 드리기 원합니다. '나의 경배 대상은 오직 주님뿐이오니 나의 경배를 받아주옵소서'.

로뎀나무
아래에서의 경배

우리는 구원받은 하나님의 자녀입니다. 내가 하나님을 선택한 것이 아니라 하나님이 나를 택하셔서 당신의 자녀로 삼으셨습니다. "야곱아 너를 창조하신 여호와께서 지금 말씀하시느니라 이스라엘아 너를 지으신 이가 말씀하시느니라 너는 두려워하지 말라 내가 너를 구속하였고 내가 너를 지명하여 불렀나니 너는 내 것이라(사 43:1)" 나는 나 자신의 것이 아니라 하나님의 것, 하나님의 소유, 하나님께 속한 자입니다. 그 말은 하나님이 내 인생을 책임지시고 보호하시며 보장하시고 인도하신다는 뜻입니다.

"네가 물 가운데로 지날 때에 내가 너와 함께 할 것이라 강을 건널 때에 물이 너를 침몰하지 못할 것이며 네가 불 가운

데로 지날 때에 타지도 아니할 것이요 불꽃이 너를 사르지도
못하리니 대저 나는 여호와 네 하나님이요 이스라엘의 거룩한
이요 네 구원자임이라"   [사43:2-3]

　　하나님의 완전한 보호와 인도 속에 있는 성도에게도
고난과 시련이 올 수 있습니다. 자신의 잘못으로 인해 오
기도 하지만, 자신과 상관없이 들이닥치는 재앙과 재난
도 있습니다. 하나님 앞에 열심히 살았고 신앙생활을 잘
했는데도 그럴 수 있습니다. 그로 인해 인생의 막다른 길
에 다다른 듯한 절망과 한계에 마음과 몸이 무너져 내리
기도 합니다. 다 끝났다는 낙심에 빠져 죽고 싶은 마음이
들 수도 있습니다. 믿음과 확신은 어디론가 사라져버리
고 원망과 불평과 불신앙만 가득차 견디기 힘들 수도 있
습니다.

　　"이세벨이 사신을 엘리야에게 보내어 이르되 내가 내일
이맘때에는 반드시 네 생명을 저 사람들 중 한 사람의 생명과
같게 하리라 그렇게 하지 아니하면 신들이 내게 벌 위에 벌을
내림이 마땅하니라 한지라 그가 이 형편을 보고 일어나 자기의

생명을 위해 도망하여 유다에 속한 브엘세바에 이르러 자기의
사환을 그 곳에 머물게 하고 자기 자신은 광야로 들어가 하룻
길쯤 가서 한 로뎀나무 아래에 앉아서 자기가 죽기를 원하여
이르되 여호와여 넉넉하오니 지금 내 생명을 거두시옵소서 나
는 내 조상들보다 낫지 못하니이다 하고(왕상19:2-4), 엘리야
가 그곳 굴에 들어가 거기서 머물더니 여호와의 말씀이 그에게
임하여 이르시되 엘리야야 네가 어찌하여 여기 있느냐 그가 대
답하되 내가 만군의 하나님 여호와께 열심이 유별하오니 이는
이스라엘 자손이 주의 언약을 버리고 주의 제단을 헐며 칼로
주의 선지자들을 죽였음이오며 오직 나만 남았거늘 그들이 내
생명을 찾아 빼앗으려 하나이다"   [왕상1:9-10]

     눈에 드러난 현실과 상황은 엘리야의 말이 맞습니
다. 최선을 다해 맡기신 직분을 감당했고 생명 다해 주의
일을 했는데, 엘리야에게 돌아온 것은 서슬퍼런 살해위
협이었습니다. 바알의 선지자 450명을 단칼에 죽이고 엄
청난 기적과 능력을 행했지만, 자신의 생명을 걸고 하루
안에 반드시 죽이겠다는 왕비 이세벨의 기세등등함 앞에
서 엘리야는 순식간에 무너져버렸습니다.

내 열심과 내 의로 일을 하면 자신도 모르게 내 기준에서의 변화와 결과를 기대합니다. 만약 생각한 대로 안 되거나 어려워지면 절망하거나 무너집니다. 오직 나만 남았다고 착각한 엘리야처럼 낙심합니다. 그러나 하나님은 변함없이 하나님의 일을 이루어가고 계십니다. 내 시선과 하나님의 시선은 다릅니다. 하나님은 여전히 일하고 계십니다.

"너희는 여호와를 만날 만한 때에 찾으라 가까이 계실 때에 그를 부르라 악인은 그의 길을, 불의한 자는 그의 생각을 버리고 여호와께로 돌아오라 그리하면 그가 긍휼히 여기시리라 우리 하나님께로 돌아오라 그가 너그럽게 용서하시리라 이는 내 생각이 너희의 생각과 다르며 내 길은 너희의 길과 다름이니라 여호와의 말씀이니라" [사55:6–8]

성도에게 하나님이 없고 말씀이 없는 생각과 시선은 불의한 일입니다. 버리고 돌이켜야 합니다. 우주만물의 창조주이시며, 세상의 경영자이시고, 내 인생의 주인 되신 하나님은 변함없이 하나님의 뜻을 이루고 계심을 확신해야 합니다. 로뎀나무 아래의 엘리야처럼 오롯이 하나님 앞에 엎드리는 시간이 필요합니다. 그래야 호렙산으로 달려갈 수 있는 힘과 세미한 하나님의 음성을 들을 수 있고 완벽한 하나님의 준비를 알 수 있습니다.

많은 경우 하나님이 주시는 축복은 문제나 갈등이나 고난이라는 보잘것 없는 포장지에 싸여서 옵니다. 예쁘고 그럴듯하게 포장되어 오면 단번에 축복이며 응답인 줄 알텐데, 그렇지 않아서 많은 사람들이 불평하고 싫어하며 아무렇게나 생각합니다. 우리는 그렇게 연약합니다. 그래서 늘 하나님이 주신 언약을 확인하고 기도에 집중하는 영적서밋타임을 가져야 합니다. 하나님 앞에 엎드리는 경배를 생활화해야 합니다. 내 영적상태가 서밋이 되어야 위기와 한계를 하나님의 시작으로, 문제와 어려움을 응답과 축복으로 볼 수 있습니다.

어려움과 위기 가운데 계십니까 낙심과 절망에 빠져 있습니까 나의 끝, 나의 한계는 경배가 생활화되게 하시는 하나님의 새로운 시작입니다. 내 시선을 버리고 하나님의 시선 속으로 이끄시는 기회입니다. 복음관점과 전도관점으로 자세히 들여다보면, 하나님의 완벽한 준비가 보입니다. 문제나 고통이 아니어도 일상에서 하나님께 경배하는 삶을 누리시길 바랍니다.

수동적인 자세로
주님을
바라봅니다

　우리는 보통 수동적인 것보다는 능동적인 상태와 자세를 선호합니다. 수동적인 사람은 뭔가 자기의지나 힘이 없어 보이는 반면, 능동적인 사람은 자율적이고 능력있어 보이기 때문입니다. 일반적이고 보편적인 의미에서 "수동적"은 대부분 부정적인 의미를, "능동적"은 말은 긍정적 의미를 담고 있습니다.

　과거보다는 현대로 갈수록 세상은 능동적인 사람을 원하고, 조직에서도 수동적인 사람보다는 능동적인 사람을 인정합니다. 수동적인 사람은 명령과 원칙에 따라 움직이기 때문에 기계적이고 의존적이며 지루하고 무능하다고 여겨집니다. 반면 능동적인 사람은 자발적이고 창의적이며 독립적이라는 평가를 받습니다.

　　우리가 기대하기도 하고 우려하기도 하는 4차산업
혁명으로 인한 인공지능시대는 이전과 비교할 수 없는 큰
변화를 개인과 사회에 미친다고 합니다. 그 대표적인 사
례가 일자리 부족입니다. 머지않은 미래에 가까이는
10~20년 뒤면 수많은 일자리가 사라지는데, 그 일순위가
수동적으로 일하는 현장이며 모두 기계, 즉 인공지능으
로 대체됩니다. 이것은 이미 현실화되어 우리 주위에 서
서히 자리잡고 있으며 더 빠른 속도로 진행될 것입니다.

　　많은 학자들은 4차산업혁명시대에 생존하는 방법으
로 기계가 대체할 수 없는 인간의 고유영역인 창의력 개
발을 독려하고 있습니다. 그 창의력 개발에 바탕되는 부
분이 능동적인 사고와 열려있는 생각입니다. 지식과 정
보를 암기하고 활용하는 정도로는 더 이상 인공지능을 이
길 수 없습니다. 기계는 생각을 할 수 없다는 것도 이미
옛 말입니다. 인공지능이 입력된 정보를 바탕으로 사고
를 하는 것은 바둑이나 체스와 같은 것을 통해 인간과 사

고대결에서 승리함으로 증명되었습니다. 인공지능시대에는 인공지능의 지배를 받는 자와 인공지능을 움직이는 자의 두 부류로 사회계층이 나뉜다고 합니다. 지식과 정보의 바탕 위에 나만의 독창적인 사고를 더해 창의적인 작품을 만들지 않으면, 인공지능에게 일자리를 뺏기고 생존마저도 어려워지는 시대가 오는 것입니다. 그런 의미에서 우리 자녀들이 살아갈 미래가 여러모로 걱정되기도 하고 그래서 기도가 되기도 합니다.

그런데 다른 측면에서 보면, 인공지능에게 없는 확실한 부분이 영성입니다. 세상은 적극적이고 창의적인 사고력을 말하지만, 기계적이고 물질적 존재인 인공지능은 영혼이 없고 영성이 없습니다. 그래서 인공지능시대에 우리의 진정한 경쟁력은 창의적인 사고력보다 영성입니다. 창의력은 영성을 포함할 수 없지만 영성은 창의력을 포함하고 있습니다.

아무리 뛰어난 감수성과 창의력을 가지고 있어도 인간 스스로는 하나님을 만나거나 소통할 수 없는데, 하나님을 만나고 교제하면서 주어지는 풍성한 영성과 성령에 감동된 생각은 창의력으로 연결되어 오직과 유일성과 재창조의 결과물을 낳을 수 있기 때문입니다.

흔히들 신앙생활을 종의 자세에 비유합니다. 주인의 마음과 생각을 알고 주인의 뜻을 이루는 일에 온전히 순종하는 종의 자세는 수동적인 것입니다. 내 생각대로 내 마음대로 움직이면 안되고 주인의 눈치를 봐야 하는 종처럼, 우리는 하나님의 눈치를 봐야 합니다. 주인되신 하나님의 말씀을 언약으로 간직하고, 내 능력과 환경과 상관없이 언약성취의 길을 묵묵히 가야 합니다. 언약궤를 따라갔던 이스라엘 백성처럼 언약궤를 맨 제사장들이 서면 함께 서고, 언약궤가 움직이면 따라 움직여야 합니다.

영적서밋타임은 나를 하나님 앞에 세우는 시간입니다. 하나님께 집중하며 하나님의 생각과 소통하는 시간입니다. 그런데 그 조용한 시간의 결단에는 능동성이 필요하지만, 시간의 내용은 수동적이 되어야 합니다. 나의 것, 내 생각, 내 기준, 나 중심된 모든 것을 내려놓고 낮은 자세로 하나님을 온전히 바라보아야 합니다. 하나님이 주시는 것으로 나를 채우고, 내게 임한 하나님의 말씀을 확신해야 합니다. 영적서밋타임, 하나님이 주인되고 나는 종이 되는 수동적인 자세를 갖추는 그 시간은 갈수록 우리의 영성이 되고 미래시대를 살아갈 창의력과 경쟁력이 될 것입니다.

천명을 이루는
슬기로운 신앙생활

저의 아내는 세상 마음 편한 사람입니다. 원래 성격도 느긋하고 편안한데다가 하나님에 대한 믿음까지 있으니 말입니다. 특히 저와 함께 움직일 때면 정말 누립니다. 가는 길이나 시간이나 여러 상황에 대해 미리 생각하거나 준비하거나 신경을 별로 쓰지 않습니다. 심지어 돈이나 카드를 챙기지 않을 때도 있습니다. 뭘 믿고 그렇게 아무런 생각없이 편하냐고 어이가 없어서 물어보면 "당신이 다 생각하고 계획한 것이 있을 텐데 뭘 나까지 보태요"라며 웃어 넘깁니다. '이 사람은 정말 나와 함께 하는 것을 누리는구나' 그러면 별로 할 말이 없습니다. 왜냐면 아내가 무심하거나 무책임한 것이 아니라 저를 잘 알고 있기 때문입니다. 원래 저는 세밀하고 꼼꼼한 성격이라 어디를 가든지 무엇을 하든지 무턱대고 즉흥적으로 하지 않습니다. 미리 생각하고 알아보고 인도를 받습니다. 아내는 그런 저의 성격을 누구보다 잘 알고 믿기 때문에 편안히 누리는 것입니다. 하지만 제가 힘들어하거나 요청하면 운전을 도와주거나 정보를 찾아주고 필요한 것을 잘 준비해 줍니다. 본인 말로는 슬기로운 아내 생활입니다.

자녀들도 마찬가지입니다. 어릴수록 아이들은 부모를 전적으로 의지합니다. 부모와 함께하면 사소한 여러 걱정을 할 필요가 없습니다. 객관적으로 볼 때 좀 부족한 부모라도 어린 자녀에겐 세상에서 가장 큰 울타리고 능력자고 영원한 내 편입니다. 서너살 때 두 아들들이 집 앞 놀이터에서 놀때면 형들에게 그네를 뺏기거나 놀이기구에서 밀려나는 일들이 종종 있었던 것 같습니다. 어느 날 오랜만에 아이들과 함께 놀이터에 나갔는데 큰아들이 두 눈을 크게 뜨고 허리에 팔까지 올려가며 저보다 덩치가 훨씬 큰 형들에게 "우리 아빠야! 우리 아빠 힘세! 라며 큰소리를 치는 겁니다. 그러자 그 애들은 저의 눈치를 보며 놀이터 다른 쪽으로 가서 놀고, 두 아들은 의기양양하게 시소를 신나게 탔습니다. 저는 그냥 아들과 함께한 것 밖에 없는데 심지어 큰소리하나 내지 않았는데 말입니다. 그렇습니다. 부모의 권세를 누리는 슬기로운 자녀 생활입니다.

그런데 아이들은 커 가면서 부모에 대한 생각이 달라집니다. 부모의 능력과 여러 환경에 대해 나름대로 신경을 쓰기 시작합니다. 어릴 때처럼 무조건 떼를 쓸 수도, 의지할 수도 없습니다. 자녀의 그런 마음이나 태도가 감지될 때 부모로서는 여러 복잡한 생각이 듭니다. 많이 컸구나 싶어 대견하기도 하지만, 이제 더 이상 무릎 위에 앉힐 수 없다는 서운함과 더이상 슈퍼맨처럼 보지 않는 것에 대한 씁쓸함이 밀려듭니다. 부모를 존중하고 인정하지만, 현실에 눈을 뜰수록 부모의 존재가 물리적인 크기로 보자면 점점 작아지는 것입니다. 그렇지만 부모는 자녀가 부모를 찾고 함께 함을 누릴 때 행복합니다. 자녀가 아무리 많은 것을 갖춘 어엿한 사회인이 되어도, 부모를 필요로 하고 의지할 때 행복을 느끼고 그것을 채워주고자 애를 씁니다. 점점 약해지는 부모라 할지라도 살아 계셔서 다행이고 함께 할 수 있어서 행복하고 든든한 마음을 갖고 감사하는 것이 슬기로운 자녀생활입니다. 신앙생활은 영적인 것에서 시작하여 육신적인 것까지 따라옵니다. 하나님은 처음부터 구원과 함께 내가 너와 함께 하겠다는 약속을 주셨습니다. 신앙생활은 나의 열심이나 노력이 아니라 하나님이 나를 부르셔서 함께 하심을 누리는 것에서부터 출발합니다.

그래서 우리는 예배를 드립니다. 교회에 함께 모여 예배하고, 어떤 모임에서나 예배하며, 가정에서, 현장에서, 혼자 있는 시간에도 예배를 통해 말씀으로 함께 하시는 하나님을 만나고 누립니다. 예배를 통해 영적인 힘을 얻으면 모든 삶의 응답도 따라옵니다.

그래서 우리는 말씀을 정리합니다. 나의 복음, 인생 메시지, 나를 이끄시는 말씀을 정리하고 확신하며 확정합니다. 말씀하시고 말씀을 이루시는 언약의 하나님이 내 인생의 실제 주인 되시도록 말입니다. 그러면 현실에 이런저런 문제나 어려움과 위기가 있어도, 내게 주신 말씀을 기준 삼아 흔들림 없이 믿음으로 나아갈 수 있습니다.

결국 당면한 현실대로 되거나 내가 염려하는 대로 되는 것이 아니라, 내게 주신 언약대로 말씀대로 되기 때문입니다.

하나님의 자녀요 절대언약 안에 있는 사람은 어떤 문제나 환경에 처해도 절대응답을 받습니다. 그리고 절대사명을 감당하는 언약의 여정으로 하나님이 이끄십니다. 이런 의미에서 신앙생활은 하는 것이 아니라 되어지는 것입니다. 말씀을 따라가면 하나님이 이루십니다. 그리고 이것이 성도로 부름받은 우리 모두가 인도받아야 할 슬기로운 신앙생활입니다.

나의 하나님이 그리스도 예수 안에서
영광 가운데 그 풍성한 대로
너희 모든 쓸 것을 채우시리라—

빌립보서 4장 19절

우리가 알거니와 하나님을 사랑하는 자 곧 그 뜻대로 부르심을
입는 자들에게는 모든 것이 합력하여 선을 이루느니라
(롬8:28)

네가 물 가운데로 지날 때에 내가 너와 함께 할 것이라
강을 건널 때에 물이 너를 침몰하지 못할 것이며
네가 불 가운데로 지날 때에 타지도 아니할 것이요
불꽃이 너를 사르지도 못하리니 대저 나는 여호와 네 하나님이요 이
스라엘의 거룩한 이요 네 구원자임이라

(사43:2–3)

너희는 여호와를 만날 만한 때에 찾으라 가까이 계실 때에
그를 부르라 악인은 그의 길을, 불의한 자는
그의 생각을 버리고 여호와께로 돌아오라
그리하면 그가 긍휼히 여기시기라
우리 하나님께로 돌아오라 그가 너그럽게 용서하시리라
이는 내 생각이 너희의 생각과 다르며
내 길은 너희의 길과 다름이니라 여호와의 말씀이니라
(사55:6–8)

그 중에 십분의 일이 아직 남아 있을지라도
이것도 황폐하게 될 것이나
밤나무와 상수리나무가 베임을 당하여도
그 그루터기는 남아 있는 것 같이
거룩한 씨가 이 땅의 그루터기니라 하시더라
(사6:13)

셋

영광

여호와의 말씀이
내게 임하니라

영광

여호와의 말씀이 내게 임하니라 이르시되
내가 너를 모태에 짓기 전에 너를 알았고
네가 배에서 나오기 전에 너를 성별하였고
너를 여러 나라의 선지자로 세웠노라 하시기로

예레미야 1장 4-5절

내 인생을
이끄는 말씀

백세시대라고 하는데 어느덧 절반에 가까운 생을 살았습니다. 내 인생에는 오지 않을 것 같은 숫자였고 다른 사람의 일인 줄로만 생각했는데, 세월이 흘러 반 백년을 내다보게 되었습니다. 시간의 흐름이 얼마나 빠른지 나이가 들수록 더 빠르게 지나가는 것 같습니다. 하지만 지금까지 하나님이 내 인생을 이끄셨듯이 남은 삶도 말씀에 이끌림 받는 여정이 될 것을 확신하기에 감사하고 평안하며 기대가 됩니다.

제가 복음을 체험하고 목회자로 전도운동에 인도받으며 가장 감사한 내용은 말씀이신 하나님을 만나고, 말씀으로 임마누엘을 누리며, 말씀 안에서 의문표 인생이 아니라 느낌표 인생으로 인도받게 된 것입니다. 저는 생의 이유를 말씀 안에서 선명히 발견했고 그 길을 확신 가운데 인도받고 있습니다. 어떤 상황이나 현실 앞에서도 명확한 답이 있고 나를 향한, 우리 교회를 향한, 이 시대를 향한 하나님의 소원과 계획도 너무 선명하게 보입니다.

목회자로서 저는 우리 교회 성도뿐 아니라 많은 사람들을 만납니다. 그리고 그들에게 하나님이 원하시는 것을 말씀으로 전달해야 하는 상황에 처할 때가 많습니다. 사실 목회 초기에는 이런 상황들이 좀 부담스럽고 어려웠습니다. 그런데 시간이 지나가면서 제 인생에 하나님이 하시는 일들을 통해 정확한 말씀이 확인되었고, 확실한 언약이 각인 되면서, 그런 생각에서 해방되었습니다. 아니, 담대하고도 분명하게 하나님의 말씀을 전달할 수 있는 힘을 얻게 되었습니다. 내게 임한 말씀이 우리 교회의 정체성이며 우리 성도들 인생에 천명임을 확신하기 때문입니다. 그리고 하나님의 자녀로 부름받은 모든 사람을 향한 근본적인 하나님의 뜻은 일정하고 영원함을 알기 때문입니다.

영이신 하나님은 말씀으로 임하시고 그 말씀을 이루

십니다. 그래서 신앙생활은 말씀의 임재와 말씀의 인도와 말씀의 성취를 누려야 합니다. 그러려면 내 인생이 말씀으로 정리되어야 합니다. 인생에 대한 메시지가 정리되지 않으면 내 생각대로 인생을 살면서 갈등과 방황이 계속됩니다. 다른 사람을 말씀으로 살리고 도와줄 수 없습니다. 감사하게도 저는 고통의 시간을 통해 인생메시지가 정리되었습니다. 그렇게 임한 말씀은 완전한 해답과 응답이 되어 지금까지 내 인생을 이끌고 있고 앞으로도 이끌 것입니다.

내가 너로 여자와 원수가 되게 하고 네 후손도 여자의 후손과 원수가 되게 하리니 여자의 후손은 네 머리를 상하게 할 것이요 너는 그의 발꿈치를 상하게 할 것이니라 하시고

(창3:15)

예수께서 신 포도주를 받으신 후에 이르시되 다 이루었다 하시고 머리를 숙이니 영혼이 떠나가시니라(요 19:30) 내가 그리스도와 함께 십자가에 못 박혔나니 그런즉 이제는 내가 사는 것이 아니요 오직 내 안에 그리스도께서 사시는 것이라 이제 내가 육체 가운데 사는 것은 나를 사랑하사 나를 위하여 자기 자신을 버리신 하나님의 아들을 믿는 믿음 안에서 사는 것이라(갈2:20) 평강의 하나님이 속히 사탄을 너희 발 아래에서 상하게 하시리라 우리 주 예수의 은혜가 너희에게 있을지어다(롬16:20) 그런즉 누구든지 그리스도 안에 있으면 새로운 피조물이라 이전 것은 지나갔으니 보라 새것이 되었도다(고후5:17) 그러나 너희는 택하신 족속이요 왕 같은 제사장들이요 거룩한 나라요 그의 소유가 된 백성이니 이는 너희를 어두운 데서 불러 내어 그의 기이한 빛에 들어가게 하신 이의 아름다운 덕을 선포하게 하려 하심이라(벧전2:9) 영접하는 자 곧 그 이름을 믿는 자들에게는 하나님의 자녀가 되는 권세를 주셨으니(요1:12) 이르되 주 예수를 믿으라 그리하면 너와 네 집이 구원을 받으리라 하고(행16:31) 내가 너를 모태에 짓기 전에 너를 알았고 네가 배에서 나오기 전에 너를 성별하였고 너를 여러 나라의 선지자로 세웠노라 하시기로(렘1:5) 여호와의 말씀이니라 너희를 향한 나의 생각을 내가 아나니 평안이요 재앙이 아니니라 너희에게 미래와 희망을 주는 것이니라(렘29:11) 주께서 인생으로 고생하게 하시고 근심하게 하심은 본심이 아니시로다(애3:33) 우리가 알거니와 하나님을 사랑하는 자 곧 그 뜻대로 부르심을 입는 자들에게는 모든 것이 합력하여 선을 이루느니라(롬8:28) 너희 안에서 행하시는 이는 하나님이시니 자기의 기쁘신 뜻을 위하여 너희에게 소원을 두고 행하게 하시나니(빌2:13) 너희 안에서 착한 일을 시작하신 이가 그리스도 예수의 날까지 이루실 줄을 우리는 확신하노라(빌1:6) 예수 그리스도로 말미암아 의의 열매가 가득하여 하나님의 영광과 찬송이 되기를 원하노라(빌1:11)

지금까지 내 인생을 통해 정리된 말씀, 특별히 고통의 시간들을 겪으면서 더욱 분명하고 확실하게 붙잡은 말씀들입니다. 나는 여전히 연약하지만 내가 정리하여 붙잡고 인도받는 말씀에는 하나님의 역사가 따라옵니다. 사람을 살리고 현장을 변화시킵니다. 그래서 나는 더욱 내게 임한 말씀을 확실하게 선포하고 전달합니다. 그것이 내가 하나님께 돌려 드리는 최고의 영광이자 찬송이며 경배입니다.

말씀의 임재를
누리는 예배자

하나님 자녀에게 가장 큰 축복이자 사명은 예배입니다. 예배를 드리는 자리에는 누구나 올 수 있지만 아무나 오지는 못합니다. 진정한 예배, 하나님께서 받으시는 예배, 성령이 역사 하시며 흑암이 결박되고 전도의 문이 열리는 예배는, 예수가 그리스도이심을 확신하는 하나님의 자녀만 드릴 수 있습니다. 그래서 모든 종교에 예배가 있지만 창조주 하나님께 드리는 예배는 구별이 되고, 수 많은 사람들이 예배의 자리에 있지만 영과 진리로 드리는 예배자도 구별됩니다. 하나님을 위해 우리는 이런저런 많은 일을 생각합니다. 그러나 하나님이 원하시고 받으시는 가장 가치있고 숭고한 것은 예배입니다. 구원받은 우리가 하나님께 드릴 수 있는 최고의 헌신도 예배입니다.

"예배성공은 인생성공" 어릴 때부터 모교회에서 귀가 아프도록 들었던 말, 때로 정말 그럴까 의심하기도 했던 그 말을 이제 제게 허락하신 강단에서 동일하게 선포합니다. 그리고 제자들에게 모든 일과 사역의 우선순위는 예배라고 가르칩니다. 예배는 하나님을 만나는 시간입니다. 하나님을 만나는 것보다 더 중요하고 급한 일은 없습니다. 예배의 순서에 있는 말씀과 기도와 찬양은 모두 하나님께 영광 돌리고, 하나님을 만나고, 하나님과 소통하는 것에 집중되어 있습니다. 하나님이 우리를 지으시고 함께 하시며 인도하시는 모든 것도 예배 속에 있습니다. 그래서 예배성공은 인생성공이 분명합니다.

영적존재인 인간은 반드시 우리 영혼의 주인 되신 하나님을 만나야 합니다. 아는 것과 만나는 것은 다릅니다. 사자를 아는 것과 사진으로 보는 것과 실제 눈앞에 대면하는 것은 큰 차이가 있습니다. 지식으로 아는 것과 사진으로 본 것은 좁은 의미에서의 만남이고, 눈으로 실물을 보는 것이 진짜 만남입니다. 우리에게는 하나님을 그렇게 만나는 시간과 체험이 필요합니다. 어떤 상황에서 어떤 방법으로든지 그것은 신앙생활의 수준과 믿음의 정도를 가늠하는 절대적인 경험입니다.

제 인생에 크게 두 번 하나님을 만난 경험은 모두가 힘들고 어려운 상황에서 일어났습니다. 탈출구가 없는 막다른 상황에서 하나님 앞에 엎드렸습니다. 나는 아무것도 할 수 없으니 하나님이 도와 달라고 간절히 엎드릴 때, 말씀으로 찾아오셨고 확신을 주셨습니다. 욥처럼 귀로만 듣던 하나님을 눈으로 뵈옵는 시간, 야곱처럼 과연 하나님이 여기에 나와 함께 계시는데 내가 알지 못했구나 깨달은 이후 나의 예배는 달라졌습니다. 주변환경은 여전한데 내 마음과 영적상태와 자세가 달라졌습니다. 예배드리는 그 시간이 정말 하나님을 만나는 시간이 되었습니다. 말씀 듣는 것이 너무 좋고 말씀이 믿어지고 말씀을 들으면 힘이 났습니다.

나는 우리 자녀들과 렘넌트들이 나처럼 극한 상황과 막다른 길에서 고통 중에 하나님을 만나기보다, 늘 인도 받는 말씀으로 평안한 가운데 하나님을 만났으면 좋겠습니다. 말씀으로 하나님을 만나는 체험을 평상시 예배를 통해 누렸으면 정말 좋겠습니다. 예배를 통해 받은 말씀과 성령의 감동이 영적 네비게이션이 되어, 그 속에서 하나님의 시간표와 준비를 확인하고 응답을 따라 언약의 여정을 흔들림 없이 가기를 원합니다. 잠시가 아니라 끝까지 쓰임받는 축복을 말씀이 임재하는 예배를 통해 받기를 바랍니다.

조용한 시간 삶에서 드리는 예배, 성도들이 교회에 함께 모여서 드리는 예배, 가족들이 함께 드리는 예배, 현장에서 홀로 드리는 예배, 그 어떤 것이든 하나님을 만나는 예배가 되기를 원합니다. 함께 하시고 인도하시는 하나님을 말씀으로 만나고, 말씀에서 하나님의 시간표와 방향을 확인하며, 말씀이 주는 힘으로 담대히 나아가며 마음이 평안해지는 은혜를 누리길 바랍니다. 모든 성도님들이 예배가 삶의 방법이며 목적이 되는 예배자로 일어나기를 오늘도 나는 꿈꿉니다.

선악과 언약

운전을 하다보면 유난히 신호등이 많아 속력을 내기 힘들고 자주 멈춰 서야 하는 길이 있는가 하면, 신호등이 많지 않아 운전하기 편한 길도 있습니다. 그런데 그 모든 길에는 이유가 있기 마련입니다. 보행자나 운전자를 보호하기 위해 신호등의 설치 간격이나 위치는 나름의 이유가 있습니다. 바쁘거나 급하다고 정해진 규칙을 어기면 사고가 날 때 책임을 피할 수 없습니다. 더우기 그것은 생명과 관계된 것이기에 책임이 무겁습니다.

신호등이 위험 상황을 예방하고 여러 사람의 안전을 보장하기 위한 장치인 것처럼, 하나님이 에덴동산에 두신 선악과도 마찬가지입니다. 많은 불신자들이나 심지어 성도들도 자유의지를 가진 인간이 범죄할 것을 아시면서 하나님은 왜 그걸 만드셨는지 이해가 안된다고 말합니다. 어릴 때 저도 그런 생각을 했습니다. 처음부터 에덴동산에 선악과 나무가 없었으면 인간이 안 따먹었을 것이고 죄도 안 지었을 텐데, 하나님이 괜히 만드셔서 인간이 죄를 지었다고 말입니다.

선악과는 영적인 안전장치입니다. 사고의 위험으로부터 사람을 보호하기 위해 신호등이 있는 것처럼, 하나님을 대적하고 사람을 멸망으로 이끄는 악한 존재로부터 인간을 보호하고자 하는 하나님의 안전장치입니다. 선악과는 결코 먹어서는 안되는 죽음의 유혹이므로, 강한 시각적 경고를 주셨습니다. 신호등의 불빛이 또렷해야 멀리서도 잘 분별하는 것처럼, 선악과를 동산 한 귀퉁이가 아니라 가운데 두셨습니다. 그래서 선악과는 하나님의 말씀에 대한 절대적인 순종이자 삶의 기준인 동시에 하나님의 은혜며 사랑입니다.

성경에서 선악과는 단순히 먹는 열매가 아니라 하나님의 존재, 말씀이신 하나님, 언약이신 하나님을 나타냅니다. 그리고 하나님을 떠나 죄인된 아담과 하와의 후손으로 이 땅에 태어나는 모든 사람에게 유효한 언약입니다. 선악을 알게 하는 나무의 열매는 먹지 말라 네가 먹는 날에는 반드시 죽으리라 하신 말씀은 오늘날 우리에게도 해당되는 것입니다.

하나님의 말씀을 믿고 순종하며 살아야 하는 아담과 하와에게 그것을 떠나게 유혹하는 사탄이 있는 것처럼, 하나님을 예배하며 언약으로 주신 말씀에 집중해야 하는 우리에게 그것을 떠나 나중심과 세상중심과 우상중심으로 살게 하는 존재가 있음을 말씀하는 것입니다.

우리는 매일, 많은 순간, 선악과의 유혹 앞에 서곤 합니다. 원래 하나님이 우리에게 주신 삶의 방식과 집중을 놓칠 만한 이유들이 너무도 많습니다. 바쁘면 바쁜대로, 한가하면 한가한대로, 보암직도 하고 먹음직도 하고 탐스럽기도한 것에 마음과 생각과 삶을 빼앗기곤 합니다. 반드시 죽으리라보다 결코 죽지 아니하리라가 더 설득력 있게 다가옵니다.

하나님은 땅의 흙으로 사람을 지으시고 생기를 그 코에 불어 넣으셔서 생령이 되게 하셨습니다. 하나님의 보호와 절대주권 안에서 하나님과 영적으로 소통하는 존재로 인간을 만드셨습니다. 그런 의미에서 선악과 언약은 인간의 행복 기준이며, 영적 서열과 질서를 분명히 하는 상징입니다. 창조주이신 하나님 앞에서 피조물임을, 주인되신 하나님의 종된 신분임을, 절대적인 이유 앞에서 순종해야 함을, 하나님의 말씀을 이루는 성취자가 우리의 정체성임을 말씀합니다.

그런데 이 모든 것은 우리의 의지와 노력으로 되지 않습니다. 하나님의 방법으로 해야 합니다. 하나님은 범죄한 인간에게 뱀의 머리를 상하게 할 여자의 후손, 인생의 근본문제와 모든 문제를 해결하실 그리스도를 약속하셨습니다.

우리는 삶에서 크고 작은 여러 문제를 만납니다. 뱀의 유혹 앞에 선 하와와 우리의 현실은 동일합니다. 그래서 우리는 매 순간 선악과언약을 기억하고, 삶의 방식과 집중을 분명히 해야 합니다. 문제에 집중하는 것이 아니라, 여자의 후손으로 오신 그리스도를 붙잡아야 합니다. 사탄의 일보다 하나님의 계획을 신뢰해야 합니다. 내게 주신 말씀을 확인하고 그것에 집중해야 합니다. 그래서 선악과언약이 아담과 하와처럼 평생 후회거리가 아니라 요셉처럼 평생 축복거리가 되도록 해야 합니다.

당신은 진정
형통한
사람입니다

에베소서 2장 10절에서 말씀하는 '만드신 바' 는 "완전한 걸작품"이라는 의미를 가지고 있습니다. 그리고 이것은 결점이 하나도 없는 완전함이 아니라, 하나님의 목적을 이루는 일에 있어 부족함이 없도록 우리를 만드셨다는 뜻입니다. 즉, 완전하신 하나님이 당신의 계획을 완전하게 이루어 가시기 때문에 하나님의 자녀로 부름받은 우리도 하나님의 완전한 걸작품이라는 것입니다. 완전해라, 걸작품이 되라 하지 않으셔서 얼마나 다행이고 감사한지 모릅니다. 내가 해야 하고 이루어야 하면 날마다 낙심하고 절망할 텐데, 하나님이 인도하시고 만들어 가시고 완성하신다니 소망이 생깁니다. 그렇습니다. 우리는 예수 안에서 하나님의 목적을 위하여 준비된 존재입니다. 영광으로 임한 말씀 안에 있는 축복을 받았습니다. 나의 수준과 능력과 상관없이 거룩한 사명을 가지고 태어난 하나님의 걸작품입니다.

그래서 오늘도 나는 내 안에 있는 부족한 부분과 그로 인해 일어난 여러가지 일에 힘들어 하고 그것에 마음과 생각을 빼앗기기보다, 영광으로 내게 임한 하나님의 말씀에 집중합니다. 하나님은 나의 연약함과 실수를 개의치 않으시고 당신의 영광을 위해 주신 말씀을 친히 이루시고 나를 다듬어 가십니다. 그래서 나는 내 인생길이 내 생각으로 놓은 수 보다 하나님의 말씀에 의한 수, 하나님이 이루시는 수로 채워지기를 원합니다. 그냥 습관적으로 살아가고 의무적으로 살아내는 삶이 아니라, 말씀의 인도와 성취가 곳곳에 기념비로 세워져 있어 제자들과 후대들이 볼 만 하고 따라 갈 만하며 발판 삼을 만한 삶이길 바랍니다.

"내 입에서 나가는 말도 이와 같이 헛되이 내게로 되돌아오지 아니하고 나의 기뻐하는 뜻을 이루며 내가 보낸 일에 형통함이니라"

하나님의 생각과 내 생각은 다르고 하나님의 길은 우리의 길과 다릅니다. 그것이 얼마나 차이가 큰 지 이사야서는 하늘이 땅보다 높음 같이 내 길은 너희의 길보다 높으며 내 생각은 너희의 생각보다 높다고 말씀합니다. 하늘에서 내리는 비와 눈이 바로 하늘로 되돌아가지 않고, 수많은 여정을 거쳐 땅을 적셔서 소출이 나게 하고, 싹이 나게 하여 파종하는 자에게는 종자를 주며 먹는 자에게는 양식을 줌과 같이 하나님의 말씀도 하나님이 기뻐하시는 뜻을 이루며 하나님이 보낸 일을 형통케 합니다.

우리가 생각하는 형통은 일반적으로 일이 잘 되는 것입니다. 내가 계획한 대로 모든 일이 수월하게 잘 되고, 좋은 결과물이 나오는 것을 형통하다고 여깁니다. 그런데 성경에서 말씀하고 있는 형통은 다릅니다. 요셉이 누명을 쓰고 억울하게 감옥살이하고 있는데 형통한 자라고 합니다. 그렇습니다. 성경은 하나님과 함께 하는 것, 하나님의 말씀이 성취되고 하나님의 뜻이 이루어지는 것을 형통 이라고 합니다. 우리는 본능적으로 육신적인 것을 원하는데 하나님은 영적인 것을 먼저 주십니다. 그래서 우리의 생각과 길은 하나님과 다릅니다.

그런데 하나님의 말씀이 내게 임하고 그 말씀을 마음에 담고 인도받으면 내 인생이 내 수준과 능력과 상관없이 형통의 길로 들어서게 됩니다. 말씀의 능력 때문에 그렇습니다. 하나님의 말씀은 헛되이 돌아오는 법이 없고, 하나님의 뜻을 이루며 하나님의 일을 형통케하기 때문입니다.

말씀이 영광으로 임하고, 그 말씀이 내 인생을 이끌면, 그 말씀은 절대무적입니다. 폐할 자, 막을 자가 없습니다. 생기가 들어가면 아무런 소망 없는 마른 뼈라도 하나님의 군대로 일어서는 것처럼, 말씀의 힘과 능력이 믿음으로 내 안에 뿌리 내리고 체질되면 하나님의 뜻을 이루는 자가 되고 하나님의 일을 형통케 하는 축복을 받습니다. 하나님은 우리를 하나님의 말씀을 성취하는 선한 일에 쓰실만한 완전한 걸작품으로 부르셨고, 지금 함께 하시며 그 일을 이루고 계십니다. 내가 구원과 함께 받은 형통한 축복입니다.

그리고 내게 임한 말씀이 그 이정표입니다. 말씀의 영광이 임한 자, 말씀에 이끌림 받는 자, 말씀의 성취를 누리는 자, 당신은 진정 형통한 사람입니다.

그리스도의
비밀을 맡은 자

　기름 부음 받은 자, 그리스도 이름에는 엄청난 비밀이 담겨 있습니다. 하나님을 떠나 사탄의 종노릇하며 끌려다니는 우리 인생을 구원하기 위해 하나님은 왕 되신 그리스도를 이 땅에 보내주셨습니다. 하나님의 아들이 나타나신 것은 마귀의 일을 멸하려 하심이라(요일3:8). 예수님은 그리스도로 오셔서 우리 인생에 왕 노릇하는 사탄을 멸하시고, 참 왕이 되어주셨습니다. 이는 우리의 통치자, 주권자가 바뀐 것입니다.

　그리고 예수님은 참 제사장으로 이 땅에 오셨습니다. 하나님을 떠난 모든 인간은 죄의 종입니다. 죄의 올무에 꽁꽁 묶여 스스로의 힘으로는 도저히 빠져나올 수 없습니다. 모든 사람이 죄를 범하였으매 하나님의 영광에

이르지 못하더니(롬3:23). 기록된바 의인은 없나니 하나
도 없으며(롬3:10). 죄로 인한 저주와 재앙은 인간의 노력
과 방법으로는 막을 수 없고, 심판과 지옥도 피할 수 없습
니다. 그래서 하나님은 예수님을 제사장으로 우리에게
보내주셨습니다. 하나님의 아들이신 그리스도는 죄가 없
으시므로 우리의 모든 죄를 다 감당하시고 해결하실 수
있는 분입니다. 죄의 삯은 사망이요 하나님의 은사는 그
리스도 예수 우리 주 안에 있는 영생이니라(롬6:23). 그래
서 누구든지 참된 제사장으로 오사 십자가에 죽으심으로
우리의 모든 죄값을 대신 치르신 예수님을 영접하면, 죄
를 용서받고 사탄이 주는 올무와 속박에서 해방됩니다.
이는 그리스도 예수 안에 있는 생명의 성령의 법이 죄와
사망의 법에서 너를 해방하였음이라(롬8:1-2)

  또한 예수님은 참 선지자로 오셔서 그리스도의 일을
하셨습니다. 사탄에게 속아 죄를 짓고 하나님을 떠난 인
간은 스스로의 힘으로는 하나님께 나아갈 수 없습니다.
하나님과 영적으로 단절되었습니다. 예수님은 그런 인간
에게 하나님 만나는 길로, 하나님이 원하시는 것을 말씀

해 주시는 선지자로 오셨습니다. 세상에는 거짓 선지자들이 많습니다. 그들은 세상의 지식과 방법을 말해 줍니다. 육신적이고 세상적인 것으로도 행복할 수 있다고 속입니다. 그리스도의 복음이 아닌 다른 것으로 하나님을 만날 수 있다고 유혹합니다. 그러나 그리스도는 잠시 있다가 사라지는 불완전한 선지자가 아니라 영원하고 참된 선지자로 오셨습니다. 예수께서 이르시되 내가 곧 길이요 진리요 생명이니 나로 말미암지 않고는 아버지께로 올 자가 없느니라(요14:6). 다른 이로써는 구원을 받을 수 없나니 천하 사람 중에 구원을 받을 만한 다른 이름을 우리에게 주신 일이 없음이라 하였더라(행4:12). 예수 그리스도는 하나님께로 나아가는 유일한 길이요 방법입니다.

하나님은 나에게 그리스도의 권세를 주셨습니다. 나는 그리스도가 필요한 연약한 존재이지만, 하나님은 그리스도의 일을 맡기시고 그리스도의 권세를 주셨습니다. 그러나 너희는 택하신 족속이요 왕 같은 제사장들이요 거룩한 나라요 그의 소유가 된 백성이니 이는 너희를 어두운 데서 불러 내어 그의 기이한 빛에 들어가게 하신 이의 아름다운 덕을 선포하게 하려 하심이라(벧전2:9). 저는 목회자의 길을 가면 갈수록 이 축복을 실감하고 있습니다. 그리스도의 권세가 나와 함께 하고 있음을 절실히 느낍니다. 한 인간으로서의 이장희는 연약하지만 주의 종으로서의 이장희는 결코 연약하지 않으며, 그리스도의 일을 하는 대사임을 확신하게 하십니다.

말씀의 흐름에 본격적으로 인도받으면서 말씀하시고 말씀을 이루시는 하나님이 나를 들어 사용하심을 늘 느낍니다. 강단과 만남을 통해 주시는 말씀과 그 말씀의 성취 앞에 스스로도 놀랄 때가 많습니다. 심지어 별 생각 없이 한 말도, 실수한 내용도 하나님이 들어 사용하심을 봅니다. 그래서 저는 강단에 설 때면 하나님이 나를 사용하셔서 하나님의 일을 말씀하시도록 간구할 수 밖에 없고, 하나님이 원하시는 말씀이 선포되도록 엎드릴 수 밖에 없습니다. 때로 말씀을 너무 담대하고 확실하게 증거한 것이 아닌가 두렵고 떨리는 마음이 들 때도 있지만, 그마저도 하나님의 강권적인 역사임을 확신하는 믿음을 주십니다. 그리고 제 입을 통해 선포된 말씀이 하나님의 시간표에 하나님의 방법으로 성취됨을 볼 때면 하나님의 역사 앞에 할 말이 없어집니다.

그런데 이 놀라운 은혜와 축복은 구원받은 모든 성도에게 동일하게 주신 것입니다. 교회와 성도를 섬기는 저뿐 아니라, 우리 모두는 전도자요 선교사입니다. 우리는 그리스도가 아니지만 그리스도적인 권세를 위임받은 사람입니다. 하늘과 땅의 모든 권세를 가지신 주님이 우리와 함께하시며 말씀을 성취하시고, 죄에 빠진 자를 건지시며, 사탄의 올무에 묶인 자를 풀어주십니다.

내게 임한 말씀을 언약으로 붙잡고 나아갈 때 언약이 성취되는 형통의 길을 열어주시고, 하나님 나라를 확장해 가십니다. 답이 없고 기준이 없어 방황하고 시달리는 많은 사람들에게 답을 주도록 하십니다. 내게 임한 말씀과 하나님의 뜻을 전달했을 뿐인데, 치유와 회복의 역사가 일어나고 말씀이 성취되는 응답이 옵니다. 구원받아 하나님의 자녀 된 우리 모두는 그냥 저냥 살아가는 보통 사람이 아닙니다. 그리스도적인 권세를 가진 특별한 사람입니다. 하나님이 매우 소중하게 보시는 V.I.P입니다.

"사람이 마땅히 우리를 그리스도의 일꾼이요 하나님의 비밀을 맡은 자로 여길지어다"　　　　　　　[고전4:1]

나를
감동시키는 것

나이가 들면서 변하는 것 중에 하나가 감정인 것 같습니다. 저는 어릴 때 화나거나 슬프거나 기분 좋거나 하는 감정 외에 작은 사랑과 배려나 미담 등에 대해 감동하거나 아름다운 자연에 특별한 감정을 느껴본 기억이 별로 없습니다. 어릴 때는 말썽을 많이 피운 개구장이였는데, 청소년기로 접어들면서는 좀 내성적이 되고 무뚝뚝했던 것 같습니다. 그런데 교회생활을 통해 찬양을 접하면서 조금씩 영적인 부분과 감성적인 부분에 눈을 떴습니다. 성경을 읽거나 말씀을 귀담아 듣는 것이 힘들었던 사춘기 시기에, 제게 가장 자연스러운 은혜의 통로는 찬양이었습니다. 독학으로 기타를 배우고, 용돈을 모아 새 찬양테이프가 나올 때마다 사고, 유명 찬양 콘서트나 지역에 있는 찬양팀의 집회에 가서 은혜받는 것을 좋아했습니다.

그리고 교회 내에 찬양팀을 구성해서 연습하고 찬양의 밤 같은 행사도 열었습니다. 급기야 음악에 대한 기본기가 전혀 없는데도 찬양사역이라는 비전을 가지고 작곡과 진학을 위한 대학입시를 준비했었습니다. 아무튼 청소년기와 대학 시절 제가 가장 많이 들었던 음악이나 구입한 테이프와 책 모두는 찬양과 관계된 것이었습니다. 어쩌면 성경의 내용, 하나님의 사랑, 사명에 대한 부분도 찬양을 통해 경험하고 이해해 나갔는지도 모릅니다. 그만큼 찬양은 저의 신앙생활에 있어 절대적인 것이었습니다.

하나님의 말씀인 성경이 제게 살아서 역사하는 말씀으로, 하나님의 사랑으로, 약속의 말씀으로 다가온 것은 사실 복음을 깨닫고 난 이후입니다. 어릴 때부터 교회를 다녀서 성경의 말씀은 늘 듣는 이야기, 교훈적인 하나님의 말씀 정도였지, 마음으로 받아들이고 이해했던 것은 아니었습니다. 그런데 군대생활 중에 하나님을 체험하면서부터는 말씀에 대한 나의 생각과 믿음이 달라졌습니다. 어릴 때부터 늘 들어왔던 말씀, 그래서 나도 모르게 내 안에 각인된 말씀이 실제로 믿어졌고 확신 되었습니다. 나의 복음이 완전히 정리된 것도 아니고 누가 시킨 것도 아니었는데, 훈련병들을 모아놓고 전도지를 들여다보며 열심히 복음을 전했습니다. 안타까운 마음에 반강제로 억지 영접도 시켰습니다. 그때는 모든 말씀이 이해되었다기보다는 그냥 믿어졌고 확신 되었기에 망설임이 없었던 것 같습니다.

신학교를 다니면서 말씀을 깊이 이해하기 시작했습니다. 놀랍고도 신기한 말씀, 너무도 정확한 말씀을 통해 복음의 뿌리를 깊이 내리는 시간이었습니다. 강의실에서 듣기만 하고 책을 통해 지식적으로 이해하는 말씀이 아니라, 훈련과 전도현장을 통해 복음의 실제와 말씀의 능력을 확인하고 체험했습니다. 말 만이 아니라 생명과 능력의 복음을 통해 하나님이 하시는 일도 보았습니다. 성경에서 말씀하는 영적인 비밀을 세상 현장과 내 개인의 삶에서 확인하고 또 확인했습니다. 나의 영적문제를 발견하고 인정하고 절망하면서 오직 그리스도를 고백할 수 밖에 없었습니다. 세상을 장악한 거대한 흑암의 역사 앞에 낙심하면 할수록 오직 말씀, 오직 복음, 오직 전도에 결론이 났습니다. 그러면서 생의 이유와 방향과 목적이 자연스럽게 정해졌습니다.

요즘 저는 하나님의 말씀에 많은 감동을 받습니다. 말씀을 읽다가 묵상하다가 듣다가 눈물이 날 만큼의 감동이 밀려들곤 합니다. 성경의 말씀이 그냥 객관적인 하나님의 말씀이 아니라, 내 삶이고 인생이고 비전이고 미래로 다가오기 때문입니다. 말씀이 문자나 글이나 기록이 아니라, 빛이고 생명이고 능력임이 믿어지기 때문입니다. 그리고 선포되는 말씀을 하나님이 이루시는 사실을 믿기에, 하나님의 일을 앞당겨 보는 감동도 큽니다. 때론 복음의 말씀을 듣는 자리에 앉아 있다는 것만으로도 감사하고, 성취될 말씀을 전달하는 대언자로 쓰임 받고 있음도 감사합니다. 선포된 말씀이 우리 교회와 후대들을 통해 장차 성취될 것을 생각하면 더욱 감사합니다.

변화무쌍한 시대 속에서, 어둡고 혼란스런 세상에서, 급변하는 현실 앞에서, 하나님의 말씀 외에 그 무엇이 우리에게 길이 되고 빛이 되고 소망이 될 수 있을까 생각해 봅니다. 사람들은 상식을 따라 다양성을 존중하며 자기 소견에 옳은 대로 살아가면 된다고 말합니다. 세상은 사탄의 거짓된 속삭임이 정당화되어 오직을 말할 수 없는 분위기와 문화로 가득합니다. 이런 불확실성의 시대에 어디에 있든지 무엇을 하든지 우리가 기준 삼고 분별할 수 있는 것은 영원하고 불변하며 온전한 하나님의 말씀밖에 없습니다.

하나님은 우리를 언약의 백성으로 부르셨습니다. 말씀을 주시고 그 말씀을 우리 인생을 통해 이루십니다. 그래서 우리의 삶에는 말씀의 은혜와 감동이 늘 풍성해야 합니다. 지.정.의 나의 모든 것이 더 말씀에 반응하고 말씀에 집중하고 말씀으로 행복해야 합니다. 하나님 앞에 서는 그 날까지 이 말씀의 축복을 누리고 전달하는 전도자의 영감과 성령의 역사가 모든 제자들에게 충만하기를 간절히 기도합니다.

꼰대가 아닌
영적서밋으로

"꼰대"라는 말이 있습니다. 원래는 젊은이나 학생들이 권위를 행사하는 어른이나 선생님을 비하하는 은어로 사용했는데, 최근에는 기성세대 중 자신의 경험을 일반화해서 자신보다 지위가 낮거나 나이가 어린 사람에게 일방적으로 강요하는 사람을 가리키는 의미로 넓게 사용되고 있습니다. 어떤 조직에서나 아랫사람에게 꼰대로 낙인되면 사실 어렵습니다. 어쩔 수 없이 형식적으로 따르지만 진정한 존중은 받기 힘듭니다. 그런데 나이가 들어가고 중요한 위치에 서면서, 꼰대가 되지 않는 것이 새삼 어렵다는 생각이 듭니다. 빠른 시대의 흐름 속에서 세대의 격차나 다름을 이해하고 인정하는 것이 쉽지만은 않기 때문입니다. 틀린 것이 아닌 다른 것임을 인정해야 하는데, 오랜 세월 각인된 것 때문에 그것이 어렵습니다. 우리

세대는 지나가지만 그들의 세대는 미래를 책임지고 또 새로운 세대로 연결되기 때문에, 선배로서 먼저 다름을 이해하고 더 좋은 결과를 향해 함께 나아가야 하는데 나도 모르게 알량한 자존심을 내세울 때가 많은 것 같습니다.

사회적인 변화가 느렸던 시대에는 세대를 20년 이상의 간격으로 나누곤 했는데, 지금은 10년 간격으로 나누어도 같은 세대 안에서의 격차가 큽니다. 사회변화의 속도가 그만큼 빨라졌기 때문입니다. 우스갯소리로 쌍둥이도 세대차가 난다는 말이 있는데, 일반적으로 한 세대로 묶는 1990년생과 1999년생은 차이가 큽니다. 그 중심에는 디지털화가 있습니다. 스마트폰을 통한 인터넷문화가 생활화된 시기가 같은 세대라도 다르기 때문에, 거기서 파생되는 언어와 생각과 문화에 차이가 납니다. 그런데 그 차이를 기성세대가 인정하지 않고 자신의 기준과 수준에서 지시하거나 이끌면, 젊은 세대들은 거부감을 나타내고 꼰대로 낙인찍습니다. 이는 옳고 그르고의 문제라기보다 소통과 효율의 문제입니다.

사실 나이를 많이 먹고 그에 따른 지식과 경험이 많다고해서 다 옳은 것은 아닙니다. 지식과 정보가 넘쳐나는 요즘 시대에는 축척된 정보의 양보다 정보의 활용과 소통이 더 중요합니다. 그리고 그런 것에는 디지털화가 덜 된 기성세대보다 본능적으로 디지털에 반응하는 젊은 세대가 더 탁월합니다. 그래서 우리 세대는 그들을 이해하고 인정하고 능력을 펼칠 수 있는 장을 마련해 주면서, 삶의 연륜과 지혜에서 나오는 적절한 조언을 해 주면 됩니다.

신앙적인 부분에 있어서도 복음생활이 아닌 종교생활을 하면, 시대의 흐름을 보지 못하고 나중심의 옛 것을 고집하는 꼰대라는 별명을 동일하게 들을 수 있습니다. 그것은 정말 비참한 일입니다. 자녀들의 마음에, 후배들의 눈에, 나이 든 우리의 모습이 영적꼰대로 보인다면 그것은 결국 우리의 신앙이 실패한 것입니다. 생각만해도 끔찍합니다. 시대와 문화는 세월을 따라 변하지만 복음은 변함이 없습니다. 완전하기에 영원합니다. 하나님의 말씀은 어제나 오늘이나 영원토록 동일합니다. 복음적인

신앙생활의 본질은 시대와 세대와 상관없습니다. 말씀
기준과 복음적인 생각은 사람을 치유하고 살리며 시대와
세상을 변화시키는 힘이 있습니다. 그래서 복음이 각인
되고 뿌리 내리고 체질 된 사람은 나이가 들어도 젊습니
다.

　　나이를 먹으면서 제일 감사하게 되는 것은 복음을
더 깊게 이해하게 되는 점입니다. 인생과 목회의 연륜이
쌓이면서 세상과 사람에 대한 이해도 더 넓어졌습니다.
인생의 모든 것이 말씀과 복음으로 이해되고 해석되며 답
이 나옵니다. 그것은 영원 전부터 영원까지 변함없는 하
나님의 계획을 알기 때문입니다. 결국 하나님의 절대언
약을 가진 자는 하나님이 인도하시는 절대여정을 가며 하
나님이 원하시는 절대목표를 이루기 때문입니다. 내 기
준이 아닌 하나님 기준, 내 생각이 아닌 하나님 말씀을 전
달하면 그 앞에 은혜의 사람은 답을 얻고 반응합니다. 사
람의 말이 아니라 하나님의 음성을 듣습니다.
　　한참 사춘기를 겪는 자녀들과 사소한 문제로 언쟁을
하던 집사람이 아이들의 방을 나오면서 했던 말이 기억납

니다. "애들에게 하나님의 말씀 외에 내 것을 주장하거나 훈계하지 말아야겠어요. 내 생각, 내 경험, 내 기준은 틀릴 수 있잖아요. 하나님의 말씀만이 옳고 절대적인 기준인데..." 집사람의 그 말이 아이들이 말을 안들어서 속상하다는 푸념보다는, 자신의 기준과 생각을 내려놓고 하나님의 말씀으로 포럼하고 기도하며 믿음으로 지켜봐야겠다는 고백으로 들렸습니다.

제자들과 렘넌트들에게 절대언약을 미션으로 전달하고, 절대여정을 인턴쉽이며, 절대목표로 인생포럼을 하라는 말씀이 선포되고 있습니다. 이것은 단순히 내 경험과 지식과 생각을 나누고 설득하는 것이 아닙니다. 영원하고 절대적인 말씀을 전달하는 것입니다. 반드시 성취될 하나님의 계획을 미리 보여주는 것입니다. 그리고 그것은 나 자신이 먼저 하나님과 소통하고, 복음과 전도로 내 인생에 대한 답을 얻어야 가능합니다. 나이가 많고 경험과 지식이 많은 꼰대가 아니라, 복음으로 충만한 멘토와 영적서밋으로 말입니다.

나 여호와가
말하였으니
이루리라

우리 나라는 도로가 참 잘 정비 되어 있습니다. 국토의 70%가 산인 지형인데도 구석구석 도로가 잘 되어있어서, 먼 거리도 빠르고 편리하게 이동할 수 있습니다. 예전에 5~7시간 걸리던 길도 이젠 거의 3~4시간이면 도착하는 시대가 되었습니다. 물론 차들이 몰려 정체가 극심한 명절이나 주말이면 좀 예외긴 하지만, 도로 자체만으로는 전국 어디나 빠르게 이동할 수 있는 시스템이 갖춰져 있습니다. 그리고 네비게이션만 있으면 낯선 곳도 잘 찾아갈 수 있습니다.

저의 아버지는 먼 곳이나 낯선 길을 운전해서 가실 때면 네비게이션을 참고하기도 하시지만, 도로에 대한 정보가 있는 지도책을 먼저 살펴보십니다. 지적공사에 근무하셔서 지도 보는 것이 익숙하시기도 하고, 워낙 세밀하고 꼼꼼하신 성격이라 지도로 도로를 확인하는 것이 체질 되어 있습니다. 그래서 아버지의 차에는 늘 지도책과 대형 지도가 있었습니다. 아마 지금도 그럴 것입니다. 저에게는 어렵고 복잡하고 재미없는 책이었는데, 아버지는 늘 그 책을 유심히 보시고 표시하고 기록하셨던 기억이 있습니다.

처음 가는 낯선 길을 운전해서 가다보면 네비게이션이 없는 예전에는 어떻게 목적지를 잘 찾아갔을까 하는 생각이 듭니다. 도로에 대한 지식이 많은 지인에게 물어보거나 우리 아버지처럼 지도를 살펴보거나 했을 텐데 많이 불편했을 것 같습니다. 하지만 그것도 요즘 같이 네비게이션이 당연한 시대, 사통팔달 선택할 수 있는 경로가 너무 많은 시대가 기준 된 생각인지도 모릅니다. 마치 휴대폰이 기본이 되어 버린 시대에서 휴대폰 없이 그것도 유선전화만 가능했던 시대를 상상하기 힘든 것처럼 말입니다.

운전을 하다보면 아는 길을 가는 것과 모르는 길을

가는 것은 많은 차이가 납니다. 아는 길은 굳이 네비게이션을 보지 않아도 편안합니다. 그런데 모르는 길, 처음 가는 길은 네비게이션을 보고 가도 자꾸만 신경이 쓰입니다. 결국 목적지까지 가게 될 것은 믿지만, 집중하고 긴장하게 되는 순간순간 들이 있습니다. 그런데 운전해서 가는 길은 좀 잘못 들어가고 둘러가도 괜찮은데 인생길은 다릅니다. 물론 천천히 갈 수도 둘러서 갈 수도 잘못된 길을 갔다가 돌아서 나올 수도 있지만, 거기에 따르는 여러 문제와 어려움은 운전과는 비교할 수 없는 것들입니다.

개인의 위치나 차량의 위치가 위성으로 다 연결되는 시대를 살아가는 우리는 언제나 어디서나 네비게이션을 도움을 받을 수 있습니다. 내 위치가 기준이 되어 어디서나 목적지까지 가는 길과 심지어 예상되는 도착시간까지 끊임없이 친절하게 안내해 줍니다. 그런데 우리가 사는 이 시대는 점차 절대적인 기준을 인정하지 않는 것이 문화가 되어가고 있습니다. 더 나아가 절대적인 기준이나 가치를 말하는 것을 편협하고 독단적이며 반인권적이라고 비난하는 시대가 되었습니다. "오직"과 "유일성"을 외치면 손가락질 받을 수도 있는 현실입니다. 하지만 이런 시대와 문화 속에서도 우리는 여전히 오직의 해답, 유일성의 복음을 붙잡고 증거해야 합니다. 길을 헤매다가도 이정표가 나오면 방향을 수정하고 시간이 걸려도 목적지를 향해 갈 수 있는 것처럼, 하나님의 말씀이 정리되어 있고 기준되어 있으면 그렇습니다. 어떤 문제나 힘든 상황에서 잠시 흔들리고 방황할 수도 있지만, 다시금 이정표 되는 말씀과 나의 위치를 확인하면 목표를 향해 바르게 나아갈 수 있습니다.

우리는 강단을 통해 계속해서 인생메시지와 CVDIP를 정리하고 있습니다. 이것은 내 인생과 삶을 하나님의 시선으로 보는 것입니다. 하나님이 바라보시고 만들어 가시는 나를 신앙고백하며 각인하는 것입니다. 길을 잃고 헤매다가도 네비게이션을 확인하면 방향을 바르게 잡을 수 있는 것처럼 하나님이 주신 언약과 내게 주신 인생메시지와 언약의 여정으로 정리된 CVDIP는 내 인생의 이정표입니다. 하나님은 언제든지 다시 시작할 수 있는 힘을 언약을 통해 말씀을 통해 주십니다. 그리고 그것은 나를 넘어 다른 사람을 치유하고 살릴 수 있는 힘이 됩니다. "나 여호와가 말하였으니 이루리라" 말씀하시고 말씀을 이루시는 하나님은 내가 정리하고 언약으로 잡은 말씀을 통해 역사하시되, 기업이 된 그 말씀을 친히 보증하시고 반드시 성취하십니다.

여러분은 정리된 인생메시지, 언약의 여정이 되는 CVDIP가 있으십니까?

하나님이 나사렛 예수에게
성령과 능력을 기름붓듯 하셨으매
그가 두루 다니시며 선한 일을 행하시고
마귀에게 눌린 모든 사람을 고치셨으니
이는 하나님이 함께 하셨음이라

사도행전 10장 34-43절

야곱아 너를 창조하신 여호와께서 지금 말씀하시느니라
이스라엘아 너를 지으신 이가 말씀하시느니라
너는 두려워하지 말라 내가 너를 구속하였고
내가 너를 지명하여 불렀나니 너는 내 것이라

(사43:1)

예수 그리스도로 말미암아 의의 열매가 가득하여
하나님의 영괌과 찬송이 되기를 원하노라
(빌1:11)

다른 이로써는 구원을 받을 수 없나니 천하 사람 중에 구원을
받을 만한 다른 이름을 우리에게 주신 일이 없음이라 하였더라

(행 4:12)

예수께서 이르시되 내가 곧 길이요 진리요 생명이니
나로 말미암지 않고는 아버지께로 올 자가 없느니라
(요한 14:6)

여호와는 나의 목자시니
내게 부족함이 없으리로다
(시23:1)

넷
찬양

내가 노래하고
찬송하리라

찬양

하나님이여
내 마음이 확정되었고
내 마음이 확정되었사오니
내가 노래하고
내가 찬송하리이다—

시편 57편 7절

하나님과 소통하는 기도와 찬양

인간은 영적존재입니다. 하나님은 인간에게만 하나님과 소통할 수 있는 영혼을 주셨습니다. 말씀으로 우주 만물을 창조하셨는데, 인간은 하나님의 형상을 따라 직접 만드셨다고 성경은 기록하고 있습니다. "하나님이 이르시되 우리의 형상을 따라 우리의 모양대로 우리가 사람을 만들고 그들로 바다의 물고기와 하늘의 새와 가축과 온 땅과 땅에 기는 모든 것을 다스리게 하자 하시고 하나님이 자기 형상 곧 하나님의 형상대로 사람을 창조하시되 남자와 여자를 창조하시고(창1:26-27)" 그렇습니다. 인간은 성삼위 하나님의 작품입니다. 우리의 형상을 따라 우리의 모양대로 우리가 만들었다고 성경은 분명하게 말씀합니다.

그런데 피조물인 인간의 또 다른 특징이 있습니다. "여호와 하나님이 땅의 흙으로 사람을 지으시고 생기를 그 코에 불어넣으시니 사람이 생령이 되니라(창2:7)" 다른 피조물이 말씀으로 창조된 것과는 달리, 인간은 흙과 생기로 지음받았습니다. 이 말은 인간의 육신은 흙으로 이루어졌지만, 그 속에 하나님의 생기가 들어가 영적인 존재 즉, 생령이 되었다는 것입니다. 하나님은 인간을 하나님의 형상이자 생령으로 만드셨습니다. 이것은 인간의 근원이자 하나님과의 관계, 즉 소통을 말씀합니다. 물고기는 처음부터 물에 살도록, 나무는 땅에 뿌리를 내리고 살도록, 새는 공중을 날도록 만드신 것처럼, 인간은 하나님과 함께하며 소통할 때 행복한 존재로 만드셨습니다.

인간은 영적인 존재이기 때문에 본능적으로 하나님을 찾습니다. 강아지나 고양이는 아무리 영리해도 예배를 드리지 않고, 원숭이는 사람의 흉내를 똑같이 내도 하나님을 찾지는 않습니다. 오직 인간만 영원한 것을 추구하며 하나님을 찾고 의지하며 기도합니다. 본능적으로 하나님과 소통하려고 몸부림칩니다. 의지할 대상을 모르거나 하나님 만나는 길을 몰라서 하나님 아닌 다른 신이나 대상을 찾더라도, 근본적으로는 하나님을 찾고 의지합니다.

인간은 육안으로는 하나님을 만날 수 없습니다. 선악과사건 이후로 영이 하나님을 떠났기 때문에, 스스로의 힘으로는 하나님을 만날 수 없게 되었습니다. 영적소통이 단절된 것입니다. 하나님을 떠난 죄가 하나님과 인간 사이에 막고 있어서 하나님께로 나아갈 수 없습니다. 구약시대에는 대속의 피제사가 아니고는 하나님 앞에 나아갈 수 없었습니다.

그래서 신약에 하나님이 그리스도로 직접 찾아오셨습니다. 영이신 하나님이 육신을 입고 이 땅에 오셔서 인간의 모든 죄를 대신 지고 십자가에 피 흘려 죽으심으로 하나님께 나아갈 수 있는 길을 열어주셨습니다. 죄와 사망의 법을 깨고 생명의 성령의 법으로 우리를 자유케 하셨습니다. 마귀의 일을 멸하시고 저주와 재앙 가운데서 우리를 구원해 주셨습니다. 도무지 길이 없었는데 약속하신 말씀대로 여자의 후손으로 그리스도를 보내사 소통의 길을 열어주신 것입니다.

신앙생활, 특히 기도생활은 하나님과의 소통입니다. 눈으로 직접 보고 직접 대화하는 것이 아니라 영적으로 소통하는 것입니다. 많은 성도들이 기도에 대해 잘못 알고 있고 어려워 합니다. 모든 종교에 있는 기도처럼 공을 들이고 정성을 다해 소원을 비는 것으로 오해하고 있습니다. 사실 기도와 찬양은 같은 의미입니다. 하나님을 먼저 인정하고 하나님을 높이고 기억하는 것입니다. 그 내용은 말씀입니다.

하나님은 우리와 소통하기 위해 말씀을 주셨는데 핵심이 복음입니다. 복음은 하나님이 예수 그리스도로 지금 우리와 함께 하시겠다는 임마누엘입니다. 그래서 찬양은 내게 임한 하나님의 말씀을 기억하고 보존하며, 그것에 나의 시선을 맞추는 신앙고백입니다. 기도는 하나님이 내게 주신 말씀을 기억하며 그 기준으로 하나님과 영적으로 소통하는 것이므로 찬양과 기도는 같은 맥락입니다. 결국 성령인도입니다.

성경에 나오는 믿음의 렘넌트들은 하나님과 소통하는 비밀이 있었습니다. 자신의 입장이나 능력이나 상황이 상관없었습니다. 약속으로 받은 말씀이 기도제목으로 각인 되었고, 감사의 찬양을 드렸습니다. 언약의 하나님을 신뢰함으로 그 인생의 여정을 묵묵히 걸어갔습니다. 길이 막힐 때마다, 문제와 사건이 생길 때마다, 평안한 중에도, 응답 이후에도 계속해서 단을 쌓으며 하나님과 소통했습니다. 성전을 향해 엎드려 기도하며 감사했습니다. 현실보다 하나님이 주신 언약의 성취를 신뢰했습니다.

우리는 성령인도 라는 말을 쉽게 씁니다. 거의 모든 삶에 적용되고 신앙생활의 중요한 부분이기 때문에 남발 아님말을 하곤 합니다. 하나님이 인간을 창조하신 목적을 생각해보면 성령인도는 근본이며 기본입니다. 나의 선택이 아닙니다. 영적존재인 나의 본질에 충실한 것입니다. 그리고 하나님을 위한 것이 아니라, 나를 위한 것이고 나에게 답이 되는 것입니다.

육신적인 인간관계도 소통이 안 되면 불편하고 어려운 일들이 생기는데, 하나님과의 소통은 필연적이고 절대적인 것입니다. 영적소통은 육신의 소통으로 이어집니다. 성령인도 받으면 말씀이 성취되는 성령의 일이 일어나고, 하나님이 행하시는 영혼구원의 역사도 내 삶에 나타납니다. 그것이 하나님의 나라며 성령충만이고, 우리가 누릴 성령인도의 결론입니다.

인생의 골짜기와 꼭대기

인생에는 잘 나가서 인생의 정점을 찍는 꼭대기의 시간표가 있는가 하면, 절망적인 어려움 속에 인생의 바닥을 치는 골짜기의 시간표도 있습니다. 사람마다 그 시기와 이유와 상태는 다르지만 원치 않아도 다가오면 겪어내야 하고, 머물고 싶지만 더 이상 붙잡지 못하고 놓아야 하는 그런 순간들이 있습니다. 어떤 사람은 골짜기가 너무 깊어서 좀처럼 빠져나오지 못한 채, 자신의 인생은 골짜기의 연속이라고 절망할 수도 있습니다. 또 어떤 사람은 특별한 골짜기 없이 그렇다고 꼭대기도 없이 평탄하고 무난한 인생이라고 지루해할 수도 있습니다. 또 드물긴 하지만 늘 꼭대기의 좋은 공기만 마시며 산다고 자만하는 사람도 있습니다. 이처럼 크고 작은 골짜기와 꼭대기의 시간을 지나면서 우리의 인생은 흘러갑니다.

누구나 경험하는 인생의 꼭대기와 골짜기. 그러나 그것을 직면하는 사람들의 모습은 제각기 다릅니다. 어떤 사람은 모든 사람들이 동정하는 골짜기의 긴 고통의 시간을 결국 인생의 중요한 전환점 이자 발판으로 삼습니다. 반대로 골짜기에 완전히 주저앉아 절망하며 평생 원망과 불평을 쏟아내는 사람도 있습니다. 또 발은 골짜기에 있는데 머리는 꼭대기만을 꿈꾸는 사람도 있고, 꼭대기가 자신의 영원한 자리인 양 자만하는 사람도 있습니다. 골짜기에 끌려 내려와서도 현실을 망각한 채, 꼭대기에 대한 향수에 젖어 과거를 사는 사람도 있습니다.

멀리 역사를 찾아보거나 가까이 뉴스만 살펴봐도 우리는 꼭대기와 골짜기를 오가는 사람들의 인생여정을 쉽게 들여다볼 수 있습니다. 소유와 성취는 잠시입니다. 영원하지 않습니다. 그런데 사람들은 거기서 자신의 정체성을 찾으려 합니다. 그리고 실제로 세상은 그것을 대단하게 여기고 인정해 줍니다. 언젠가 없어질 일시적인 것임에도 육신과 물질과 성공과 출세를 행복의 기준으로 자신의 정체성으로 여깁니다.

성도의 인생에도 꼭대기와 골짜기가 크고 작게 오갑니다. 성경에서 말씀하는 성도의 정체성은 세상이 말하는 소유와 성취가 아니라 존재와 관계입니다. 내가 무엇을 소유했고 성취했냐가 아니라, 하나님이 나를 어떻게 보고 계시고 어떻게 인도하고 계시냐입니다. 이것은 영원한 것입니다. 그런데 성도의 영적 정체성은 꼭대기의 시간보다 골짜기의 시간에서 더 분명해집니다. 실제로 사탄이 주는 올무에 묶여 본능적으로 소유와 성취를 향해 달려가는 인간은, 어느 날 찾아온 골짜기의 시간을 통해 하나님을 찾곤 합니다. 하나님을 믿지만 나중심과 육신 중심으로 살아가는 성도도, 인생에 다가온 골짜기의 시간을 통해서 내가 주인 된 모든 것을 내려놓고 하나님 앞에 나아갑니다. 그래서 골짜기의 시간은 영적으로는 축복의 시간입니다. 내게 이미 주신 영적 정체성을 회복하고 하나님의 인도와 역사를 구체적으로 체험하는 응답의 시간입니다.

사람들은 보통 인생의 골짜기와 꼭대기에서의 모습이 다릅니다. 골짜기에서는 절망하고 원망하며, 꼭대기에서는 자신 만만해 합니다. 그런데 요셉은 달랐습니다. 자신의 잘못도 아닌데 인생의 골짜기에 처했을 때 하나님의 절대계획을 붙잡고 절대여정을 누리며 절대목표를 향해 변함없이 나아갔습니다. 언약 가진 예배자로 매일을 하나님 앞에서 살아냈습니다. 최악의 상황에서도 하나님이 함께하심을 주변 사람들이 다 알만큼 누렸습니다. 존재와 관계에 대한 정체성이 그 어떤 현실 앞에서도 흔들리지 않았기 때문입니다. 그런데 요셉은 애굽의 총리가되어 인생의 꼭대기에 섰을 때도 변함이 없었습니다. 소유와 성취보다 존재와 관계에 의한 영적 정체성을 누렸습니다. 능력이 있었고 환경이 되었지만, 원수를 갚지 않고약속하신 꿈의 성취를 기다렸습니다. 하나님이 하실 정확한 시간표를 믿음으로 기다렸습니다. 하나님의 절대계획과 절대여정과 절대목표에 집중하므로 꿈의 성취를 완벽히 누렸고 언약의 하나님을 증거했습니다.

하나님은 우리를 예배자로 전도제자로 영적서밋으로 부르셨습니다. 나의 수준과 능력과 상관없이 하나님이 바라보시고 만들어 가시는 나의 정체성입니다. 그렇다면 우리가 해야 할 일은 하나입니다. 언약을 붙잡고 믿음을 신앙고백 해야 합니다. 내 입술의 고백인 것 같지만, 마음의 소원이며 하나님과 소통되는 중심입니다. 내 편에서 볼 때 인생이 골짜기고 꼭대기지 하나님 편에서는 그 모든 순간이 올바른 예배를 회복하고 전도자의 정체성을 회복하는 자녀에게 축복을 쏟아부어 주시는 시간표입니다. 반대로 사탄에게는 절망의 올무로 묶고 교만의 늪에 우리를 밀어넣는 시간입니다. 지금 어떤 상황에 있든지 절대주권으로 내 인생을 이끄시고 책임지시는 하나님 앞에서 영적 정체성을 회복하고 그리스도를 신앙고백 하시기를 바랍니다.

하나님과의 소통은
나의 영적 본분

우리는 지금 휴대폰이나 인터넷이 없는 것은 상상하기도 힘든 현실과 세상을 살고 있습니다. 물론 아직도 세계 곳곳에는 휴대폰은 고사하고 전화나 컴퓨터와 같은 기기를 사용할 수 없는 곳이 많은 것도 사실이지만 말입니다. 그리고 보면 동시대를 살아도 어느 나라에서 태어나고 어느 지역에서 사느냐에 따라 누릴 수 있는 문명의 혜택은 그 차이가 큽니다. 현대 기기문명이 주는 혜택을 누리고 사는 우리는 당장 몇 시간만 휴대폰이 없어도 불안합니다.

인터넷이 하루만 안되어도 답답하고 불편할 것입니다. 어찌보면 문명이 주는 편리에 너무 길들여져서 아예 노예가 되어버린 듯 합니다.

우리 집은 지어진 지 20년이 넘은 아파트입니다. 이사 와서 13년가량 살고 있는데, 한 번도 수리를 한 적이 없어 인테리어나 구조가 좀 올드합니다. 그래도 지하층까지 엘리베이터가 연결되어있지 않은 것을 빼면 큰 불편 없이 잘 지내고 있습니다. 무엇보다 교회와 가깝고, 교통도 편하고, 주거환경이 조용하고 깨끗해서 다른 곳으로 이사를 가야겠다는 생각을 안하고 살았습니다. 그런데 새로 지은 대단지 아파트에 입주한 친구집을 다녀온 아들이 우리도 새 아파트에 이사하면 좋겠다며, 요즘 소위 잘나가는 브랜드의 새 아파트가 갖추고 있는 최첨단 시설에 대한 얘기를 늘어놓았습니다. 정말 우리 아파트와는 비교도 안되게 편리하고 신기한 첨단 시스템이 갖춰져 있었습니다.

그런데 그런 아파트에 살면 좋겠다는 마음이 드는 순간 아내가 찬물을 끼얹은 말을 했습니다. 그런 편리한 혜택을 누리기 위해 지불해야 되는 비용이 현실적으로 너무 크다는 것입니다. 집을 나서기 전에 집 안에서 미리 엘리베이터를 부르면 편리하겠지만, 현관문 밖에서 엘리베이터 버튼을 누르고 잠시 기다리는 것도 괜찮지 않냐, 전원을 알아서 다 차단해 주는 시스템이 가동되면 안전하고 전기에 대한 신경을 안써서 좋겠지만 끄고 다니는 습관이 더 중요한 것 아니냐, 사람이 할 일이 없어지고 기계가 대체해 주는 편리가 마냥 좋은 일만은 아닌 것 같다 등등. 아들은 어이없다는 듯 엄마는 원시시대에도 잘 살 거라며 함께 웃었습니다.

　지금의 우리 자녀들은 생각만해도 끔직하겠지만 사실 저는 이십대 중반까지 휴대폰이 없는 시대를 살았습니다. 지금 생각하면 그때 어떻게 살았을까 싶지만, 그 속에서도 나름의 방법으로 잘 소통하고 정보를 활용하며 살았습니다. 전화든 메시지든 카톡이든 메일이든 지금처럼 바로 연락할 수 없다고 해서 소통이 안된다는 느낌이 들진 않았습니다. 반대로 휴대폰과 인터넷이 일반화된 요즘은 예전에 비해 많은 일을 순식간에 다 할 수 있지만, 그것 때문에 소통이 충분하다는 만족감이 드는 것은 아닙니다. 물론 객관적으로는 비교할 수 없을 만큼 빠르고 편리한 네트워크가 모든 삶에 형성되어 있어 원한다면 얼마든지 언제든지 소통할 수 있는 창구는 열려 있지만, 소통이 주는 안정감이나 만족감이나 행복은 다른 부분입니다. 갈수록 세상은 더 발달하고 편리해질 것입니다. 하지만 그로 인한 만족과 행복보다는 외로움과 소외감과 부작용이 우리 사회의 심각한 문제로 대두되는 것은 아이러니한 현실입니다.

어찌보면 그 어느 시대보다 소통할 수 있는 시스템이 발전되어 있는 현실에서 진정한 소통은 삶에서 점차 멀어지고 있습니다. 개인과 개인, 가족 간에, 개인과 조직 사이에 소통이 사라지고 있습니다. 시대의 흐름을 따라 자연스럽게 혼자 살아남는, 외로움을 즐기는, 혼자서도 행복하고 충분하다는 개인주의 문화가 젊은 층을 중심으로 우리의 삶에 자리잡고 있습니다. 그것이 나쁘다는 말은 아닙니다. 언제나 함께해야 하고 모든 것이 소통되어야 한다는 것은 더욱 아닙니다. 다만 인간의 본질은 하나님과 영적소통 속에 모든 소통이 이루어진다는 것입니다. 원래 인간은 하나님과 영적으로 소통하는 비밀 가운데 다른 사람과도, 모든 피조물과도, 자연환경과도 소통하도록 지어졌습니다. 반대로 하나님과 영적으로 소통되지 않으면 다른 모든 관계도 진정한 소통이 이루어질 수 없습니다.

요즘 고독사에 대한 기사를 뉴스에서 종종 접합니다. 그들에게 외부와 소통하는 도구인 휴대폰이나 인터넷이 없는 것일까요? 아닙니다. 대부분 가족이나 이웃이나 지인들이 있습니다. 그런데 어느 순간부터 아무런 교제나 소통 없이 단절된 삶을 살다가 홀로 죽어갑니다. 물론 그 배경에는 수많은 사연과 상처의 역사가 숨겨져 있습니다. 사람들과 세상과 적극적으로 소통했다면 그렇게 홀로 죽어가지는 않을 거라고 사람들은 말합니다. 그런데 영적 존재인 인간에게 필요한 진정한 소통은 창조주 하나님과의 관계입니다. 하나님과 영적으로 소통되지 않으면, 아무리 인간관계를 잘하고 심지어 소통의 달인이라도 인생의 결정적인 순간이나 죽음의 순간에는 결국 혼자 일 수 밖에 없습니다.

우리에게는 오롯이 하나님을 바라보는 시간이 필요합니다. 예배를 드림으로, 말씀에 집중함으로, 찬양하고 기도함으로 그 시간의 축복을 누릴 수 있습니다. 내 생각과 계획과 동기가 없어지고 하나님의 계획을 질문하는 시간, 하나님이 원하시는 것에 내 시선을 고정하는 시간, 주시는 말씀을 나의 언약으로 확정하는 시간, 하나님과 영적으로 소통하는 영적서밋타임은 하나님 자녀로 부름받은 우리가 마땅히 인도받아야 할 영적 본분입니다.

괜찮아, 문제없어,
하나님이 하고 계신다

코로나바이러스로 인한 팬데믹 상황이 장기화 되면서 여러 가지 심각한 문제가 우리 삶에 대두되고 있습니다. 요즘 같아서는 정치, 경제, 사회, 교육, 의료, 심지어 신앙생활에 까지 어느 한 곳 영향받지 않는 곳이 없고 걱정이 안되는 분야가 없습니다. 연일 보도되는 코로나사태와 여러 사건 사고들을 접하며 쏟아지는 정보에 의한 피로도가 그 어느 때보다 높은 것 같습니다. 그리고 답답한 마음에 이리저리 정보들을 찾다 보면 마음이 더 무거워질 때가 많습니다. 합리성과 객관성과 논리성을 갖추지 못한 편파적이고 극단적인 내용들의 글들이 어떤 검증 없이 무책임하게 돌아다니고 있습니다. 그래서 이런 정보들을 마구 퍼다 나르는 분들을 보면 솔직히 속상하고 화가 나기도 합니다. 만약 내가 굳게 믿고 있던 내용이나 주장한 내용이 사실이나 진실이 아닐 수도, 거짓된 것일 수도, 그래서 돌이키기 어려운 피해를 입는 사람들이 생길 수 있다는 것에 대해 한 번쯤은 깊이 생각해보면 좋겠다 싶습니다.

코로나바이러스 재확산 사태를 맞이하면서 교회를 보는 정부나 세상 사람들의 시선이 그 어느 때 보다 따갑습니다. 사실과 진실보다는 일부 현실을 가지고 교회를 무슨 바이러스 감염의 온상인 듯 내모는 일부 정치인과 언론과 여론 때문에 방역수칙을 잘 준수하고 정부시책에 적극 참여해 온 대부분의 교회까지 피해를 입는 상황이 속상합니다. 그리고 국가나 정부가 교회와 예배의 근본적인 부분을 이해하지 못한 채, 일방적이고 강제적으로 통제하려는 상황에 분노가 일기도 합니다.

그러나 그 모든 것을 가지고 하나님 앞에 나아가면 하나님이 주시는 음성에 위로를 받게 되고, 이미 눈앞에 닥친 말세시대를 준비하는 묵상과 깊은 기도가 되어집니다. 우리 모두에게는 시선이 있습니다. 어떤 사람은 매사에 부정적입니다. 입에 비난과 비판을 달고 다닙니다. 괜찮은 것도 삐딱하게 보고, 심지어 칭찬도 비꼬아서 말합니다. 매사가 자기중심적이고 부정적이며 비관적입니다. 그런 사람일수록 자신의 안경을 벗으려 하지 않습니다. 반대로 무조건 낙천적이고 긍정적인 시선을 가진 사람도 있습니다. 그 사람은 갈등이나 문제의식이 없습니다. 이래도 저래도 다 괜찮고 상관없습니다. 그런데 변화와 발전이 없습니다.

또 어떤 사람은 굉장히 객관적이고 사실적이며 합리적입니다. 문제와 현실과 사실을 정확히 보고 분별합니다. 방법을 간구하고 대책을 세웁니다. 실제 많은 사람이나 조직에 도움이 되지만 그것도 한계가 있습니다. 어느 날 예기치 않게 터지는 문제나 재앙을 막을 수는 없습니다. 우리 사회는 이렇게 다른 시선을 가진 다양한 사람들로 구성되어 있습니다.

신앙생활에 있어 가장 중요한 것은 하나님의 시선입니다. 성경은 인간의 시선 중심이 아닌, 철저한 하나님의 시선 중심입니다. 인간의 시선은 시대와 문화와 개인에 따라 얼마든지 달라질 수 있지만, 하나님의 시선은 영원 전부터 영원까지 동일함을 성경은 여러 시대와 나라와 인물들을 통해 분명하게 보여주고 있습니다. 이런 하나님의 시선에 우리의 시선을 맞추어 가는 것이 신앙생활의 본질입니다. 그리고 그것을 우리는 찬양이라고 하고 기도라고 합니다. 나의 목소리를 높이거나, 나의 소원을 아뢰는 것이 아니라, 하나님의 시선을 찾고 그 찾은 것에 나의 시선을 고정하는 것입니다. 하나님을 향해 집중하는 것입니다.

인간이 스스로 죄를 짓고 하나님을 떠난 이후 하나님의 시선은 영혼구원을 통해 인간과 함께 하는 것에 늘 고정되어 있습니다. 하나님은 구원받은 자녀에게 언약을 주시고 언약을 이루십니다. 그렇다면 우리의 시선은 내게 언약을 주시고 그 언약을 이루어 가시는 하나님의 시선을 따라가야 합니다. 늘 예배를 드리며 말씀을 받는 것도 하나님의 시선을 확인하고 그것에 내 시선을 고정하기 위함입니다. 나도 모르게 옛 틀에 잡혀 세상의 기준과 가치를 가지고 말씀에 불신앙 하는 것에서 빠져나와, 하나님의 새 틀인 그리스도께 시선을 고정하는 것입니다.

　"흑암!
　주 예수 그리스도!
　괜찮아, 문제없어, 하나님이 하고 계셔!"
　제가 만든 구호인데, 우리 교회에서는 10초 다락방, 무시기도 라고 합니다. 내 생각이 주인 될 때, 현실에 불신앙이 밀려올 때, 사탄이 마음과 생각을 틈탈 때 우리 성도들이 무시로 하는 신앙고백입니다. 모든 불신앙의 배경에 역사하는 사탄의 존재를 인식하고 그 정체를 폭로하며, 하나님의 유일한 방법인 예수 그리스도를 주인으로 시인하고, 절대주권 안에 있는 나의 신분과 권세를 선포하며 언약을 확인하는 것입니다.

　"흑암!
　주 예수 그리스도!
　괜찮아, 문제없어, 하나님이 하고 계셔!"
　답이 없는 팬데믹시대, 정치. 경제. 사회. 문화 전반적인 혼란시대, 교회가 조롱받는 핍박시대, 함께 모여 예배드리지 못하는 위기시대, 진실과 거짓이 뒤섞인 혼돈시대 속에서도 우리가 고정해야 할 분명한 하나님의 시선입니다. 하나님은 지금도 여전히, 아니 더 강력하게 이 땅과 교회와 성도들에게 하나님의 일을 하고 계십니다.

하나님의
절대주권을 누리는
제한적 집중

예수 그리스도를 영접하고 구원받았다고 해서 우리
는 바로 이 땅과 작별하고 영원한 천국으로 가지는 않습
니다. 천국을 보장받았지만, 하나님의 자녀로 이 땅에서
의 삶을 살아가야 합니다. 구원과 함께 영적인 축복을 받
았지만, 육신과 세상을 떠나 하늘나라의 삶을 사는 것은
아닙니다. 그래서 어쩌면 신앙생활은 세상과 구별된 영
적 삶을 말한다기보다, 영적인 비밀을 가지고 육신의 삶
을 어떻게 살아갈 것인가의 문제인지도 모릅니다.

누구나 이 땅에서의 삶에서 생로병사와 희로애락과
생사화복과 같은 것을 피할 수 없습니다. 그런데 구원받
는 순간, 인생의 주인이 바뀝니다. 생사화복의 주관자가
하나님이 되시는 겁니다. 그리고 이것은 구원받은 성도

의 가장 근원적인 축복입니다. 병들고 어렵고 힘들고 슬프고 화나고 재앙을 만나기도 하지만 그것 때문에 망하는 신분이 아니라는 것입니다. 절대주권자 이신 하나님이 내 인생의 주인 되시므로 모든 것의 출처와 결과도 하나님께 있습니다. 손해 보게 하거나 힘들게 하거나 망하게 하려는 계획이 아니라, 살리고 회복시켜 하나님의 일에 증인으로 세우려는 선하신 의도가 있습니다.

전도자 류목사님은 개인과 전도운동에 있어 어려움이 올 때마다 그것 때문에 어려워지거나 망한 것이 아니라, 오히려 하나님의 계획을 찾음으로 큰 응답을 받는 전환점과 갱신의 시간표가 되었다는 말씀을 자주 하십니다. 목회와 전도운동을 하면서 시간이 갈수록 저는 그 말씀이 이해되고 실감 됩니다. 복음의 흐름 속에 있으면, 저주와 재앙의 시대를 만난 것처럼 보여도 그 속에서 오히려 축복의 시간표를 누리게 됩니다. 말씀의 흐름에 있으면, 시대의 흐름과 변화 앞에 응답의 시간표를 보고 갱신하고 도전하게 됩니다. 절대불가능 속에서 하나님의 절대가능을 찾고 인도받을 수 있습니다.

코로나바이러스 사태로 교회들은 함께 모여 예배를 드리지 못하는 사상 초유의 사태를 맞이했습니다. 속상하고 답답한 현실이지만, 그 시간을 통해 우리 성도들은 개인성전과 가정성전의 축복을 회복했고, 교회는 미래시대를 준비하는 미디어교회 시스템을 갖추게 되었습니다. 성전건축을 위한 준비도 보이는 성전 이전에 보이지 않는 성전을 먼저 든든히 세우는 제자시스템과 황금어장 캠프에 집중하며 큰 응답을 받고 있습니다. 후대를 복음으로 세우는 시스템도 교회나 교사가 주도하기보다 부모들의 기도와 예배로 바른 시작을 하게 하셨습니다.

생명과 제자와 후대를 세우는 것은 하나님의 소원이자 우리의 소원입니다. 이를 위한 치유와 서밋과 237은 우리 인생과 신앙생활을 통해 반드시 인도받아야 할 미션이자 축복입니다. 하나님이 우리를 복음화시키시고 전도자로 이끄시는 모든 것도 이 속에 있습니다. 그런데 우리의 삶은 복잡하고 분주합니다. 이 일은 영적인 집중이 필요한데 영적으로 산만하게 하는 요소들이 우리 주변에 너무 많습니다. 나아가 정작 해야 하는 집중을 못하고 다른 집중, 틀린 집중에 쉽게 빠집니다.

경주용 말이나 마차를 끄는 말들은 보통 눈가리개를 사용합니다. 그것은 말의 시야를 고정시켜주는 역할을 합니다. 눈가리개를 통해 옆쪽을 보는 시야를 가리고 정면 만을 보게 함으로 상당히 예민한 동물인 말이 주변의 상황에 긴장하거나 예민하게 되는 것을 막는 것입니다. 다른 의미로는 말의 긴장도를 떨어뜨림으로 산만함을 줄여 마부의 명령에 보다 잘 순종하게 하여 사고확률을 낮추고, 달리는 목적에만 집중하게 하는 것입니다. 우리에게도 제한적 집중이 필요합니다. 영적서밋으로 부름받은 우리는 다른 집중을 제어하고 복음과 그리스도에 집중하는 제한적 집중을 해야 합니다. 마음과 생각과 시간과 삶을 빼앗는 많은 것에서 오롯이 영적으로 집중하는 힘을 키워야 합니다. 우리에게 주어진 시간과 공간과 역량은 한계가 있습니다. 선택하고 집중하지 않으면 중요하지 않은 것에 중요한 일이 밀려날 수 있습니다. 급한 일에 쫓겨 중요한 일을 놓칠 수도 있습니다. 말씀이 기준 되기보다 내 생각이 기준 되고, 하나님이 원하시는 것보다 내가 좋아하는 것으로 치우치기 쉽습니다. 하지만 우리가 예배를 통해 영적인 힘을 얻고, 순간순간 선택 앞에서 잠시 복음에 집중하는 제한적 집중을 하면 하나님의 준비와 다른 계획을 보게 될 것입니다.

　구원받은 하나님의 자녀는 모든 것이 합력하여 선을 이룹니다. 하나님이 당신의 좋은 계획을 친히 이루십니다. 내가 볼 때 힘들거나 좋지 않은 일도 하나님의 좋은 것이 될 수 있습니다. 이것을 믿는 것을 절대주권이라고 합니다. 내 인생을 통해 하나님의 소원을 하나님의 방법대로 이루심을 온전히 믿는 것입니다. 그리스도와 함께 모든 축복을 받은 우리, 인생의 이유와 목적과 방향이 정해진 우리는 이제 제한적 집중을 통해 말씀성취를 체험하고 하나님이 일하심을 누리는 응답을 받아야 합니다. 그것이 우리가 할 수 있는 최고의 헌신이자 사역입니다.

언약백성은
절대
망하지 않습니다

　나는 하나님의 절대주권을 믿습니다. 내 개인의 인생뿐 아니라 교회도 세상도 미래도 다 하나님의 절대주권 안에 있음을 믿습니다. 심지어 우리를 속이는 흑암의 역사, 사탄이 주는 영적문제, 세상에 임하는 저주와 재앙도 하나님이 허락하셔야만 이루어지는 일임을 확신합니다. 좋은 일이든 나쁜 일이든 우주만물을 통치하시고 인생의 생사화복을 주관하시는 하나님의 섭리 속에 그 모든 것이 되어짐을 믿습니다.

　개인적인 경험으로 보면 문제와 위기 가운데 하나님의 절대주권을 인정하고 평안함으로 기도하며 기다릴 수 있다는 것은 중요한 체험이고 축복입니다. 성도라도 절박한 상황에서는 자책하거나 원망하고 불평하며 절망에 빠지기 쉽습니다. 하나님을 기다리기 보다 내가 나서서 해결하려고 합니다. 그러나 그것은 아무런 도움이 되지 않습니다. 오히려 상황을 악화시킬 수 있습니다. 그러나 홀로 하나님 앞에 나아가 로뎀나무 아래 엎드렸던 엘리야처럼 자신이 처한 현실을 가지고 하나님 앞에 나아가면 하나님이 주시는 은혜를 체험할 수 있습니다. 그리고 그 체험은 40주야를 쉬지않고 달려갈 수 있는 힘이 되어 하나님을 대면하고 말씀을 만나는 전무후무한 응답으로 연결됩니다.

사람들은 교회에 다닌다고, 하나님을 믿는다고 말하지만 신앙생활에는 다양한 색깔이 있습니다. 요즘처럼 모든 것이 혼란스럽고 어두운 시대에는 더욱 그렇습니다. 사사기서에서 말씀하는 이스라엘 백성처럼 하나님을 알고 믿지만 언약의 흐름에서 벗어나 자기 소견에 옳은대로 사는 신앙인이 많습니다. 하나님의 소원을 이루는 본질은 가볍게 여기고, 나의 관심과 세상의 이슈에 집중하고 집착합니다. 사실 그것은 하나님을 믿는 것도 신앙생활을 잘하는 것도 아닙니다. 교회를 다니고 하나님을 믿는다고 말하는데 어떤 하나님을 믿고, 어떻게 하나님을 만나며, 하나님이 원하시는 것을 이해하고 소유하고 있는지 묻고 싶습니다. 내가 바라고 원하는 복음이 아니라, 하나님이 주신 복음을 알고 믿고 있는지 말입니다.

대구 모교회에서 같이 신앙생활을 했던 2년 후배 동생이 의정부에 살고 있습니다. 대구 보다는 훨씬 가까이에 살고 있지만 SNS를 통해 안부를 전하고 삶의 근황을 소통하고 있습니다. 그 동생은 평소 자신의 솔직한 생각과 삶의 내용들을 SNS에 꾸준히 올리는데 7월쯤 기도를 부탁하는 글이 올라왔습니다. 자세한 상황은 모르지만 직장을 그만두게 되어 새로운 직장을 구하고 있는데, 나이가 있어서 구직이 녹록치 않다며 지인들에게 기도를 부탁했습니다. 평소 누구보다 이른 새벽에 출근해서 바쁘게 일하고, 맞벌이 부부로 자녀들을 키우느라 지쳐서 살아가는 모습이 안타까웠던 터라 이참에 조금 긴 휴가를 보낸다 생각하고 여유를 가지면 좋겠다는 생각이 들었습니다. 그런데 참 감사한 것은 그동안 바쁘고 고된 직장생활과 네 식구의 가장으로 열심히 살다 보니 믿음과 신앙생활이 다소 소홀했는데, 막막한 현실 앞에서 하나님을 바라보고 기도하며 말씀을 통해 은혜받는 시간을 가지고 있었습니다. 대학을 졸업하고 직장생활을 하면서 모교회를 떠난 지 20년이 넘었고, 그때처럼 신앙생활을 하고 있지 못한 상황이지만 그 후배의 마음에 근본적으로 뿌리내리고 있는 신앙은 저와 동일하게 하나님의 절대주권에 대한 믿음이라는 생각이 들었습니다. 청소년 시기와 대학시절에 강단을 통해 끊임없이 들었던 말씀이 어려운 시기에 버팀목이 되고 있었습니다. 의미도 잘 모른 채 어릴 때 각인될 만큼 들었던 하나님의 절대주권이 인생을 살아갈수록 진실 된 나의 신앙고백이 됩니다. 그리고 지난주 후배는 새로운 직장에 출근하게 되었다는 반가운 소식을 전해왔습니다.

코로나사태로 다들 많이 힘듭니다. 개인도 교회도 사회도 국가도 어렵습니다. 특히 어려움 가운데 있는 성도님들과 교회들을 위해 많은 기도가 됩니다. 여러 가지로 어려운 시대에 하나님이 내게 원하시는 것, 우리 교회에 원하시는 것을 질문합니다. 그런데 그럴수록 하나님은 절대주권에 대한 믿음과 확신을 강하게 주십니다. 하나님은 지금 우리의 상황과 형편을 다 알고 계십니다. 변함없이 아니 더욱, 어려움 가운데 있는 백성과 함께하며 지키십니다. 당장 보이지 않아도, 모든 것을 합력하여 하나님의 뜻과 선한 계획을 이루고 계십니다. 전도와 선교를 할 수 있도록, 하나님 나라를 확장할 수 있도록, 교회를 든든히 세우고 계십니다. 심지어 우리가 아무것도 할 수 없는 상황에 처한다 할지라도 하나님은 하나님의 방법대로 하나님의 일을 이루십니다. 그래서 힘들수록 우리는 하나님을 신뢰하고 오직 그리스도, 오직 하나님의 나라, 오직 성령충만에 집중하며 믿음의 신앙고백을 해야 합니다. 현실을 따라가기보다 말씀을 따라 믿음의 발을 내디뎌야 합니다. 절대주권자 하나님은 졸지도 주무시지도 않고 지금 우리의 기도를 들으시고 말씀을 주시며 언약을 이루십니다. 하나님의 절대주권 안에 있는 언약백성은 절대 망하지 않습니다.

영적
면역력의 비밀

　　"237시대 앞에 서라"는 주제를 가지고 열린 제24차 세계선교대회가 은혜 가운데 마쳤습니다. 많은 선교사님들이 귀국하지 못한 상황에서 온라인 생방송을 통해 각 나라 현장에서 동참하셨고, 미리 들어오신 선교사님들과 국내 사역자와 제자들이 함께 237 나라를 살리기 원하시는 하나님의 소원에 방향 맞추어 말씀을 받고 기도하는 은혜의 시간이었습니다. 이번 선교대회는 코로나바이러스 사태로 한 곳에 모이지 않고 지역별로 타운을 정해서 진행했는데, 오히려 더 많은 국내 성도들이 동참하며 선교에 대한 마음을 모으는 시간이 된 것 같습니다. 우리의 상황이 어떠하든지 하나님은 하나님의 일을 이루고 계심을 보며 감사했습니다. 특별히 이번 선교대회에서는 237

나라 선교의 빈 곳, 전 세계 5000 미전도 족속을 살리는 하나님의 방법과 시간표와 교회의 준비에 대한 말씀이 선포되었습니다. 시대의 흐름 속에 선교의 흐름을 보며 하나님이 준비하신 것을 찾아 땅끝까지 만민에게 가야하는 이유와 방법을 말씀으로 확인하는 시간이었습니다.

한 선교사님이 두고 온 선교지의 근황을 말씀하시는 걸 들었습니다. 훈련을 받으러 단기간의 계획으로 한국에 들어왔는데, 코로나 사태가 장기화되면서 선교지에 돌아가지 못하는 상황이었습니다. 그런데 선교지에 돌아가지 못하는 상황에 대한 안타까움도 있지만, 오히려 현지인 사역자들이 세워져 선교사님의 빈자리를 채우고 있어 너무 감사하다는 고백을 하셨습니다. 이제 선교현장에 대한 걱정은 없는데 다만, 제자들이 보고 싶고 하루하루 성장하고 있을 어린 렘넌트들이 너무너무 보고싶어 눈물이 난다는 말씀에 콧등이 시큰거렸습니다. 제가 직접 가본 선교현장은 아니지만, 선교사님의 그 마음이 뭔지 알 것 같았습니다. 저도 선교현장을 가면 현지 렘넌트들이 제일 먼저 눈에 들어옵니다. 그들이 은혜받고 세워지는 것을 보는 것이 선교의 큰 보람입니다. 그것은 우리 교회에서도 마찬가지입니다. 아직은 건강상의 이유로 장기 선교사역을 못하지만, 만약 제가 오랜 시간 교회를 떠나 타국에서 선교사역을 한다면 아마도 제 마음에 제일 큰 그리움도 그 선교사님처럼 우리 렘넌트들일 것입니다.

우리는 모든 상황이나 문제 속에서 하나님의 이유와 계획을 찾아야 합니다. 힘들거나 어려울수록 더욱 그렇습니다. 하나님의 일은 어떤 상황 속에서도 막힘이 없고 진행되기 때문입니다. 그것은 사람이나 조직이나 여건이 막을 수 없습니다. 하나님을 인정하지 않는 시대의 흐름, 하나님을 대적하는 사탄의 일들을 막는 것도 필요하지만, 더 중요한 것은 그 흐름 속에서 이루고자 하시는 하나님의 계획을 찾고 그 일의 성취에 인도받는 것입니다. 성경에 예언된 대로 말세시대가 오고 그 징조들은 우리 성도들에게 위협적이지만, 결국 하나님은 교회와 성도의 승리를 약속하셨습니다. 아무도 모르는 복음의 답을 가지고, 아무도 가지 못하는 곳을 가서, 아무나 하지 못하는 일을 하는 것입니다. 재앙을 막고 치유하고 살릴 길을 하나님은 오직 복음의 답을 가진 우리에게 주셨습니다. 절대언약을 가지고 절대여정을 가는 자는 하나님의 절대목표를 이룰 수 밖에 없습니다. 저는 그것이 교회가 놓치고 있는 빈 곳, 세상의 빈 곳, 선교의 빈 곳을 살리는 길이라는 말씀을 응답으로 받았습니다.

코로나19 바이러스 사태로 인해 우리는 여러 방면에서 새로운 상황에 직면하며 적응하고 있습니다. 적어도 우리나라에서는 마스크 착용이 일상화되었습니다. 심지어 처음엔 불편하고 답답하게 여겨졌던 것이, 이제는 익숙하고 편안할 뿐 아니라 마스크가 없으면 감염의 우려와 사람들의 시선 때문에 더 불안해지는 상황이 되었습니다. 마스크 착용이 만능 해결책은 아니지만 예방을 위한 최선책이므로, 시간이 갈수록 마스크 착용에 대한 의식이 느슨해지기보다 당연시되고 생활화되는 것 같습니다. 아무래도 마스크 착용은 코로나가 끝나도 자연스런 문화가 될 것 같습니다. 감기에 걸려서, 컨디션이 안좋아서, 면역력이 약해서, 화장이나 면도를 안해서, 사람들의 시선을 피하려고, 자신을 숨기고 싶어서, 만사가 귀찮아

서...등등 다양하고도 많은 이유에서 말입니다. 영적, 정
신적, 육신적 문제는 개인이나 사회나 시간이 갈수록 가
중되므로 코로나로 인해 습관화된 마스크 착용은 자신을
숨기고 가리는 수단으로 자연스럽게 자리매김할 가능성
이 큽니다.

우산을 쓰면 비를 피할 수 있듯이 면역력이라는 우
산을 쓰면 각종 바이러스를 피할 수 있다며 건강식품을
선전하는 광고를 보았습니다. 좋은 것을 먹으면 일시적
으로 면역력을 올릴 수 있지만, 사실 완벽한 면역력 이란
없습니다. 그런데 그리스도는 도저히 퇴치가 불가능한
바이러스와 같은 우리 인생의 근본문제를 십자가에서 다
해결하셨습니다. 그리스도는 인생 모든 문제의 완벽한
백신입니다. 근본문제를 해결한 영적 면역력의 비밀입니
다. 그리스도의 안경을 쓰면 육신의 것 너머 영적사실을
제대로 볼 수 있습니다. 그리스도의 마스크를 끼면 하늘
보좌의 배경 아래 보호를 받습니다. 영적 면역력이 생겨
흑암의 세력과 제대로 싸울 수 있는 힘을 얻게 됩니다.

하나님이 나사렛 예수에게
성령과 능력을 기름붓듯 하셨으매
그가 두루 다니시며 선한 일을 행하시고
마귀에게 눌린 모든 사람을 고치셨으니
이는 하나님이 함께 하셨음이라

사도행전 10장 34-43절

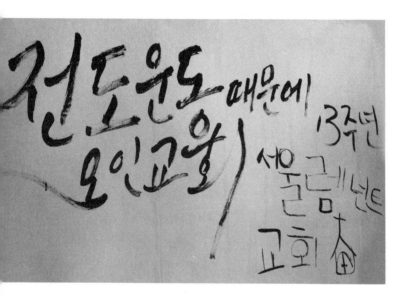

우리는 그가 만드신 바라 그리스도 예수 안에서 선한 일을 위하여

지으심을 받은 자니 이 일은 하나님이 전에 예비하사

우리로 그 가운데서 행하게 하려 하심이라

(엡2:10)

그러나 너희는 택하신 족속이요 왕 같은 제사장들이요
거룩한 나라요 그의 소유가 된 백성이니 이는 너희를 어두운 데서
불러내어 그의 기이한 빛에 들어가게 하신 이의 아름다운 덕을
선포하게 하려 하심이라

(벧전2:9)

그런즉 누구든지 그리스도 안에 있으면 새로운 피조물이라

이전 것은 지나갔으니 보라 새것이 되었도다

(고후5:17)

하늘에 계시는 주여 내가 눈을 들어 주께 향하나이다
상전의 손을 바라보는 종들의 눈같이, 여주인의 손을 바라보는
여종의 눈같이 우리의 눈이 여호와 우리 하나님을 바라보며
우리에게 은혜 베풀어 주시기를 기다리나이다

(시123:1-2)

쉬지 말고 기도하라
범사에 감사하라
이것이 그리스도 예수 안에서
너희를 향하신 하나님의 뜻이니라
(살전5:17-18)

산제사

너희몸을
산 제물로 드리라

산 제사

그러므로 형제들아
내가 하나님의 모든 자비하심으로
너희를 권하노니
너희 몸을 하나님이 기뻐하시는
거룩한 산 제물로 드리라
이는 너희가 드릴 영적 예배니라
너희는 이 세대를 본받지 말고
오직 마음을 새롭게 함으로 변화를 받아
하나님의 선하시고 기뻐하시고
온전하신 뜻이 무엇인지
분별하도록 하라

로마서 12장 1-2절

위기시대와
재앙시대를 살릴
응답

교회는 많은 사람들이 오고 가는 현장입니다. 역이나 공항처럼 들렀다 지나가는 플랫폼은 아니지만, 많은 사람들이 여러 이유로 찾아오고 또 상황을 따라 이동해 가기도 합니다. 15년 우리 교회의 역사를 돌아보면, 변함없이 지속해서 함께 인도받는 성도가 많지만 지나간 사람들의 숫자도 적지 않습니다. 이사나 건강이나 어쩔 수 없는 상황에 의해서 교회를 못 나오는 분들도 있었고, 여러 개인적인 이유로 교회를 떠나거나 이동한 사람들도 있습니다. 목회자인 저는 성도의 이동을 겪으며 처음에는 마음이 상하기도 하고 안타깝기도 했는데, 시간이 지나가면서 갱신하고 응답받아야 할 교회시스템에 대해 많은 생각을 하게 되었습니다.

우리 교회에 새 가족으로 오시는 분들에게 늘 강조하는 내용이 있습니다. 교회의 정체성입니다. 등록을 하기 전에 복음에 대한 교육과 함께, 교회언약과 목회방향에 대해 6주에 걸쳐 교육을 합니다. 이러한 과정을 밟는 것은 다 이유가 있습니다.

우리 교회는 많고 많은 교회 중의 한 교회가 아니라, 분명한 이유와 목적과 방향이 있는 교회이기 때문입니다. 그리고 신앙생활을 새롭게 시작하는 시점에서는 그 무엇보다 교회에 대한 마음과 중심을 바르게 하는 것이 중요합니다. 교회에 대한 이해 부족과 교회를 통한 신앙생활의 축복을 몰라서 결국 나중심의 신앙생활을 하고, 그 결과 교회를 떠도는 성도가 되지 않기를 바라는 마음입니다.

교회는 다양한 성도들로 구성되어 있습니다. 연령도 삶의 수준도 가진 기능도 사는 지역도 성도 개개인의 영적상태와 신앙생활의 시간표도 다 다릅니다. 이 모든 것을 잘 아울러서 함께 가는 것이 목회입니다. 그러나 저의 목회의 초점은 언제나 제자와 전도운동에 방향 맞춰져 있습니다. 이 일이 너무 중요하기 때문에 작은 일은 양보하고 사소한 일도 함께 합니다. 시간표가 있기 때문에 달려가고 싶지만 멈추기도 하고, 마음은 급하지만 천천히 가기도 하며, 지름길을 알지만 돌아서 가기도 합니다. 그러나 타협하지 않는 한 가지는 메시지입니다.

하나님이 소원하시는 것, 우리의 인생을 드려야 하는 것을 늘 강단을 통해 선포합니다. 이정표가 분명해야 그것에 반응하는 제자, 교회화된 제자들이 일어나기 때문에 목회언약인"성경적인 전도운동의 모델"과 목회방향인"강북RUTC와 언약성전"을 늘 외칩니다.

목회를 하면서 교회나 성도에게 일어나는 크고 작은 사건들, 성도의 이동 등이 크게 문제가 되지 않는다는 것을 알게 되었습니다. 교회와 제자는 내가 움직이는 것이 아니라 하나님의 손에 있음이 믿어지면서 제 개인적으로는 목회가 편안해졌습니다. 아니 오히려 문제 속에서 하나님의 계획과 응답을 찾아내는 비밀을 갖게 되었습니다. 우리 교회가 정확한 언약을 잡고 인도받고 있으면 하나님은 교회에 필요한 제자를 세우시고 보내시며, 사명을 다한 사람은 이동시키기도 하십니다. 성도가 당한 어려움이 그 성도를 세우시고 축복하시는 응답의 시간표가 되기도 합니다. 존재감 없이 늘 조용히 있던 성도가 말씀이 스며 들어간 결과 어느 날 교회를 위해 중요한 헌신을 하는 제자로 세워지기도 합니다.

여기에 가장 중요한 핵심은 "교회화"입니다. 이것은 단순히 우리 교회가 최고라는 자부심이 아닙니다. 내 인생에 대한 하나님의 절대주권을 인정하는 것처럼, 내가 섬기는 교회에 대한 하나님의 절대주권을 인정하는 것입니다. 교회를 통해 복음화 되고 제자화 되며 현장화 되는 축복을 찾아내는 것입니다.

나를 위한 교회나 내게 유익이 되는 교회가 아니라, 복음 때문에 내가 평생을 드려 헌신하고 후대에게까지 물려줄 교회로 인도받는 것입니다. 내가 붙잡은 교회의 언약이 대를 이어 열매 맺게 하는 것입니다. 이것이 통하는 제자, 교회의 언약이 인생의 천명이 된 사람이 교회화 된 제자입니다. 이것은 목회를 시작하면서 늘 마음에 있던 기도제목 이었는데 저는 다들 어렵다고 하는 요즘 들어 오히려 그 응답을 보고 있습니다. 코로나상황이 아무 문제가 안됩니다. 아니 오히려 코로나 상황에서의 영적집중과 목회갱신이 응답을 더 앞당겨 준 것 같습니다.

하나님이 하시는 일은 우리의 수준과 기준과는 많이 다릅니다. 질병으로 더이상 일을 할 수 없는 상황에 처한 성도님께 "하나님이 강제로 주신 방학"을 잘 보내시라고 얘기한 적이 있습니다. 마음은 있지만 너무 바빠서 예배나 영적생활에 잘 인도받지 못하는 상황이 늘 안타까웠던 터라, 하나님이 주신 "강제 휴가"의 시간에 질병치유와 함께 영적치유에 집중하라고 권면한 것입니다. 교회에 함께 모여 마음껏 예배드릴 수 없는 지금의 상황은 분명히 재앙이지만, 그것과 상관없는 아니 그를 통한 하나님의 역사와 인도는 또 다른 응답이 될 수 있습니다. 위기시대요 재앙시대 이지만 이런 시대를 살릴 하나님의 계획과 준비를 찾으면, 이보다 더 큰 응답은 없습니다.

교회가 쇠퇴해 가는 시대에 교회화에 응답받는 제자들을 세우고, 예배가 약화되는 시대에 참된 예배자들을 세우는 응답을 받을 수 있다면 이보다 더 큰 축복은 없습니다. 세월이 지난 후 코로나바이러스로 인한 이 시간이 제 개인과 우리 교회에게는 큰 응답과 축복의 시간으로 기억될 것 같습니다.

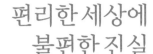

편리한 세상에
불편한 진실

사람은 어릴수록 욕심이 단순합니다. 갓난아기는 엄마만 옆에 있으면 모든 문제 해결입니다. 엄마를 찾을 때는 아무리 좋은 것 맛있는 것 많은 것을 안겨줘도 소용이 없습니다. 다 싫다며 내던지고 자지러지게 울어댑니다. 그런데 조금씩 성장하면서 아이의 관심도 욕심도 바뀌어 갑니다. 그래도 어른에 비하면 아이들의 욕심은 단순하고 순수한 편입니다. 사람마다 차이가 있긴 하지만 대체적으로 나이가 들고 어른이 되면서 욕심이 커지고 깊어집니다. 웬만한 것은 만족이 안 될 만큼 말입니다. 물론 어떤 성장배경을 가졌고 어떤 수준의 삶과 가치를 가졌냐에 따라 다르지만, 아이들에 비하면 어른의 욕심은 끝이 없습니다.

코로나시대가 계속되면서 우리 모두는 온라인을 통해 쇼핑을 많이 합니다. 이전에도 인터넷 상거래가 보편화 되고 택배 서비스가 잘 되어있어서 시장의 흐름이 오프라인에서 온라인으로 옮겨가는 상황이었는데, 코로나시대로 접어들면서는 더욱 그런 것 같습니다. 저도 요즘은 눈으로 꼭 확인하고 구입해야 하는 물건이 아닌 이상, 온라인으로 쇼핑을 합니다. 실제로 택배 근로자들의 과로사가 사회적인 문제로 대두될 만큼 우리나라만 보더라도 소비의 많은 부분이 인터넷을 통해 이루어지고 있습니다. 온라인 쇼핑을 이용하는 것이 시간적으로나 경제적으로 이익입니다. 상세한 설명과 리뷰를 통한 검증과 저렴한 가격으로 마음에 드는 물건을 얼마든지 살 수 있고, 반품과 교환도 가능하고 집까지 배달해 주니 사실 이보다 더 편리할 수는 없습니다.

그런데 단점이 있습니다. 가격이 오프라인보다 저렴하다는 이유로 욕심을 부추기고 필요 이상의 구매를 하기 쉽습니다. 구매결정도 카드결제도 몇 번의 터치로 금방 진행 되다보니 물건을 살 때는 몰랐는데 카드결제일이 다가오고 내역을 받아보면 구매한 내용과 금액에 새삼 놀랄 때가 있습니다. 실제로 가벼운 때론 심각한 온라인쇼핑 중독 증세를 겪는 사람들도 많다고 합니다. 시간을 내어 직접 가서 눈으로 보고 물건을 살 때 보다 화면상으로 보고 결정할 때는 생각을 덜 하고 짧게 합니다. 꼭 필요한 물건인지 적당한 물건인지를 신중하게 따져 보기도 전에 구매를 결정하기 쉽습니다. 그러면 몇 번 사용하지 않고 집안 한 구석을 차지하거나, 안 그래도 복잡한 방과 수납장과 서랍에 천덕꾸러기 물건으로 박혀있다가 결국은 버려집니다.

삶의 공간은 한정되어 있는데 살아갈수록 물건은 쌓여갑니다. 신혼부부 두 사람만 살던 집에 아기가 태어나면 갑자기 많은 물건들이 공간을 차지하고 쌓입니다. 아이가 성장할수록 물건이 바뀌어 가며 쌓이는데 공간이 부족합니다. 그래서 더 넓은 집으로 이사를 가지만 살다보면 마찬가지입니다. 치우는 것도 버리는 것도 쉽지 않습니다. 어쩌면 물건보다 마음과 욕심을 정리하는 것이 우선인지도 모릅니다. 불필요한 것이 공간을 잔뜩 차지하게 되면 실제로 필요한 물건을 제대로 사용할 수 없는 우스운 상황도 생깁니다. 이런저런 잡동사니 물건이 쌓여 창고로 변한 피아노 방에서는 피아노 연습을 제대로 할 수 없고 연주는 더더군다나 어렵습니다.

　　욕심은 본질을 놓치게 하고 외면하게 만듭니다. 복음을 생각하면 이해가 쉽습니다. 하나님이 인간에게 복음을 주신 것은 길을 잃은 아이에게 집을 찾아 준 것입니다. 부모를 잃은 아이가 부모를 만난 것입니다. 아이가 부모를 잃은 것은 모든 것을 잃은 것이고, 부모를 만나는 것은 모든 문제 해결입니다. 길을 잃고 헤메다가 집을 찾으면 다 얻은 것이고 다 가진 것입니다. 하나님을 떠난 인간에게 복음은 그런 것입니다. 길을 몰라 끝없이 방황하며 시달리는 인생에 그리스도는 모든 문제 해결자입니다. 다 끝난 것이고 다 가진 것인데 사탄은 그것을 모르게 합니다. 복음의 가치도 그리스도의 비밀도 모르게 하고 놓치게 하며 다른것으로 유혹합니다. 그리고 어리석게도 사람들은 그 유혹을 따라 여기저기 기웃거립니다. 끝없는 육신의 욕망을 채우고자 발버둥 칩니다.

예수님은 "내가 진실로 너희에게 이르노니 누구든지 하나님의 나라를 어린아이와 같이 받들지 않는 자는 결단코 그곳에 들어가지 못하리라" 하시면서 아이들을 안고 축복해 주셨습니다. 그리고 이어 "인자가 온 것은 섬김을 받으려 함이 아니라 도리어 섬기려 하고 자기 목숨을 많은 사람의 대속물로 주려 함이니라" 말씀하셨습니다. 사탄은 사람들이 나이가 들고 어른이 되면서 쌓은 많은 세상 지식과 경험과 생각들을 욕심과 결부시켜 하나님을 만나지 못하게 하고 만나도 누리지 못하게 합니다. 인생의 근본문제를 외면한 채, 육신의 욕심과 세상의 기준을 쫓아 살게 합니다. 깊은 어두움에 가두어 빠져나가지 못하게 합니다. 이 흑암을 물리치는 방법은 예나 지금이나 동일합니다. 빛을 비추어야 합니다. 말씀의 빛, 생명의 빛, 그리스도의 빛을 비추어야 합니다. 그것이 오늘 우리가 드리는 예배며 다락방이고 전도운동입니다. 가늘고 작은 빛 같아도 그렇지 않습니다. 어두움은 빛을 결코 이길 수 없고 어떤 상황에도 빛은 어두움을 밝히기 마련입니다.

하나님의 꿈이
나의 비전이 되고

우리 교회 3살 렘넌트 시안이의 꿈은 찬양인도자입니다. 집에서 늘 찬양영상을 틀어놓고 마이크를 잡고 찬양인도자를 따라 한다고 합니다. 심지어 얼마나 진지한지 삼촌들처럼 자켓을 입고 각 인도자 특유의 목소리나 제스처를 그대로 흉내 내면서 말입니다. 교회에 와서도 시안이는 늘 삼촌들을 찾습니다. 자기가 좋아하는 찬양인도자 삼촌에게 안기거나 같이 놀면 신나 합니다. 미래에 우리 교회 찬양인도자가 되고 싶다는 렘넌트를 하나님이 어떻게 인도해 가실지 기대가 됩니다.

연년생 아들 둘을 키우며 많은 꿈을 들었습니다. 남자아이들이라 서너 살이 될 때부터 공룡, 로봇, 소방관, 경찰관, 군인, 축구선수 등 다양한 꿈의 변천사를 겪었습니다. 한 날은 어른이 되면 청소차를 운전하는 사람이 되어야겠다는 겁니다. 어이가 없어서 이유를 물어보니, 쓰레기를 담고 치우는 청소차가 너무 멋있기 때문에 그 차를 운전하는 사람이 되면 좋겠다고 했습니다. 그래서 집 사람이 청소차를 운전하는 것은 멋진 일이지만 새벽에 일찍 일어나야 하고, 쓰레기에서 나는 냄새를 견뎌야 하며, 더러운 환경을 깨끗하게 하는 일에 다른 사람들보다 앞장서는 마음이 필요하다고 자세히 말해줬더니 심각하게 고민에 빠졌던 일도 있었습니다.

어릴수록 꿈은 수시로 바뀌기 마련인데 한동안 아들들이 목사님이 될 거라고 말했던 적이 있었습니다. 교회를 자주 가고 예배를 늘 드리다 보니 말씀을 전하고 축도하는 목사님의 모습이 멋있게 보였던 것 같습니다. 두 녀석이 서로에게 목사님이란 호칭을 부르며 예배 인도와 축도를 나누어 맡아서 예배 놀이하는 것을 좋아했습니다. 그런데 많은 시간이 흐르고 여러 꿈을 거쳐서 큰아들이 목회자가 되어 전도자의 길을 가겠다고 결단했습니다. 대를 잇는다는 의미보다는 목회자로서 전도자의 길을 가는 것이 너무도 큰 축복인 것을 알기에, 하나님이 아들에게 주신 영성을 알기에, 스스로 하나님 앞에서 기도하면서 응답받고 결단하는 모습이 정말로 감사했습니다. 더 이상 어린아이와 같은 나의 꿈이 아니라, 하나님이 소원하시고 기뻐하시는 비전이 아들의 꿈이 되었음이 감사했습니다.

하나님의 꿈이 나의 비전이 되는 것이 언약입니다. 우리는 그것을 절대언약이라고 합니다. 하나님이 그리스도로 나와 함께 하시며 나를 복음화 시키시고 전도자로 세워 가시는 것입니다. 하나님이 원하시는 길을 가기에 하나님이 그 인생의 모든 여정을 인도하십니다. 그래서 절대여정입니다. 그런데 이 절대여정을 가는 길에 저항이 만만치 않습니다. 하나님이 주신 꿈을 향해 하나님이 원하시는 길을 가니까 승승장구하면 좋겠는데, 실제로는 걸림돌이 많습니다. 절대여정이란 반드시 가야 하고 절대목표는 반드시 성취될 일이지만, 그것을 막는 저항이 곳곳에 복병처럼 있습니다. 그런데 여러 저항 중에도 가장 큰 저항은 나 자신에게서 나옵니다. 내 마음과 생각입니다. 하나님의 일을 막고자 하는 사탄이, 나의 연약한 틈을 너무도 잘 아는 대적이, 여러 가지 문제와 환경으로 나를 넘어뜨리려 하고 포기하게 만듭니다. 이 합리적인 저항들을 이길 방법이 내게는 없습니다. 본능적으로 가동되는 나중심의 불신앙에서 빠져나올 수 없습니다. 그래서 우리는 늘 예배를 드려야 합니다. 말씀을 확인해야 합니다. 하나님께 집중해야 합니다. 나의 수준과 환경과 능력을 넘어서는 믿음과 확신을 말씀에서 찾고, 그리스도의 구속사역과 닿아있는 비전을 이루어 가시는 하나님께 집중하는 힘을 얻어야 합니다.

저에게 있어 절대여정을 막는 가장 큰 저항은 건강입니다. 몸이 힘들면 마음도 생각도 힘들어집니다. 아픈 것에 마음이 잡히면 할 수 없다는 생각과 하기 싫다는 감정이 올라옵니다. 낙심하고 절망합니다. 그런데 그때 저는 그리스도를 신앙고백하고 삼중직을 누리는 기도를 선포합니다. 몸이 힘든 것은 변하지 않는 사실이지만, 마음과 생각은 거기에 잡히지 않고 빠져나올 수 있는 비밀입니다. 그리곤 말씀을 듣습니다. 아멘으로 말씀을 받으면 나의 영적상태와 몸의 상태가 서서히 회복됩니다. 저항이 꺾이고 흑암이 물러갑니다. 통증으로 잠이 깨는 이른 새벽, 때로는 하루에도 여러 번 그런 저항을 다스리는 영적 집중의 시간을 가집니다.

비전은 만들어 내는 것이 아니라 찾는 것입니다. 하나님이 내게 원하시는 것, 이미 주신 것을 내 것으로 확인하고 확신하며 확정하는 것입니다. 어떤 느낌이나 막연하고 멀리 있는 것이 아니라, 분명하고도 확실한 것이며 아주 가까이에 있습니다. 바로 교회언약입니다. 그리스도의 몸된 교회에 주신 언약, 담임목사가 붙잡고 있는 언약이 하나님이 내게 주신 비전과 가장 가깝습니다. 어린아이처럼 내 마음과 욕심에 따라 변하는 꿈이 아니라, 육신의 욕망을 채우기 위한 세상적인 꿈이 아니라, 어떤 저항도 이겨낼 수 있는 하나님의 꿈이 영원한 비전으로 마음에 깊이 자리매김 되기시를 바랍니다.

"하나님이여 내 마음이 확정되었고 내 마음이 확정되었사오니 내가 노래하고 내가 찬송하리이다" [시57:7]

참된 응답은
고난과 핍박과 시련을
이깁니다

우리가 존경하는 사도 바울은 엄청난 역사와 응답의 주인공이지만 그 누구보다도 많은 박해를 받았습니다. 그러나 부활하신 그리스도를 만나기 전에는 예수 믿는 사람들을 잡아서 가두는 대표적인 핍박자였습니다. 최초의 순교자인 스데반의 죽음에도 관여했습니다. 그러던 어느 날 예수 믿는 사람들을 잡으러 다메섹에 가는 길에 그토록 핍박하고 거부했던 예수님을 만났습니다. 빛과 음성으로 자신을 알리신 예수님 앞에 꼬꾸라졌습니다. 예수 그리스도를 통해 귀로만 듣던 하나님을 눈으로 본 것입니다. 머리로 알던 복음이 그리스도의 복음으로 가슴에 담겼습니다. 그래서 예수가 그리스도이심을 전하는 일에 자신의 생명을 조금도 아끼지 않는 전도자가 되었습니다. 이방인 전도를 위해 자신을 부르신 사실 앞에 감사함으로 순종했습니다. 복음이 증거되는 지역 지역마다 하나님이 예비해 두신 제자들이 일어나고 교회가 세워지는 것을 보며 머나 먼 여정도 어떤 위험부담도 넉넉히 감당했습니다.

예수님의 제자들을 우리는 잘 압니다. 그들은 원래 말 많고 탈 많은 보통 사람들이었습니다. 어찌보면 중간 이하의 삶을 살았던, 유대인 종교 지도자들이 볼 때 하찮게 여길 만큼 가진 것이나 이룬 것이 없는 그런 사람들이었습니다. 그들은 3년 동안 예수님과 함께 하며 수많은 말씀을 듣고 기적을 보았습니다. 하지만 그들이 가진 개인의 성격과 욕심과 체질은 잘 바뀌지 않았습니다. 그래서 예수님의 십자가 죽음 앞에 겁먹고 부인하며 도망쳤습니다. 예수님이 미리 약속하신 말씀은 온데간데 없이, 낙심하여 고향으로 뿔뿔이 흩어졌습니다. 그런데 부활하신 예수님을 만난 이후, 감람산에서의 40일을 체험한 후, 오순절 마가 다락방에서 성령을 체험하고 그들은 달라졌습니다. 예수 그리스도의 증인이 되었습니다. 자신의 생명을 아끼지 않고 복음을 증거하는 참 제자가 되었습니다. 핍박도 죽음도 두려워하지 않고 복음 앞에 돌아오는 수많은 유대인들과 이방인들을 보며 끝까지 제자의 길을 순교자의 길을 갔습니다.

전도자 류목사님도 전도운동을 해 오신 오랜 시간 동안 많은 핍박을 받으셨습니다. 그리고 그 핍박들은 불신자들이나 외부에서의 공격이 아니라, 목회자들과 교회와 교단 등에 의한 것이었습니다. 대부분이 신학적인 오류나 류목사님 개인의 잘못이 아닌, 오해와 누명과 일부 잘못된 사람들에 의한 내용을 보편화시켜서 공격하는 것이었습니다. 물론 지금은 검증되어 풀렸지만 한 때는 한국교회 전체가 다 일어나 목사님과 우리 단체를 이단으로 정죄하며 배척했습니다. 사실 우리는 개인적으로 조그만 오해나 누명을 쓰는 입장이 되어도 마음과 생각이 복잡해지고 어렵습니다. 무시하기도 해명하기도 다 쉽지 않습니다. 그런데 류목사님은 설교 중에 분명하고도 간단하게 말씀하셨습니다. "다들 어떻게 그 공격과 핍박을 견디고 살아남았냐고 하시는데, 사실 나는 그렇게 힘든 줄 모르고 지나왔습니다. 물론 많은 분들이 해결을 위해 애쓰셨겠지만, 저 개인적으로는 그렇습니다. 응답이 너무 많고 커서 그것을 따라가느라 핍박과 고난에 신경 쓸 겨를이 없었습니다."

내 영적상태가 응답입니다. 영적상태가 안 좋으면 조그만 문제도 어렵습니다. 문제가 아닌데 문제가 되고, 심지어 응답인데도 문제로만 보입니다. 어떻게 보면 문제를 스스로 찾아가서 껴안고 힘들어합니다. 그런데 영적상태가 좋으면 문제가 문제가 안됩니다. 분명히 문제인데, 하나님의 계획을 질문하고 응답을 찾습니다. 나를 넘어 다른 사람을 살리고 현장을 살릴 힘이 있습니다. 우리는 대부분 문제를 통해 복음을 체험합니다. 질병의 문제, 가정의 문제, 경제의 문제 등으로 하나님을 찾고 말씀 앞에 나아옵니다. 내가 할 수 없다는 것을 인정할 때 하나님 앞에 엎드립니다. 비로소 그리스도를 신앙고백하며 붙잡습니다. 그런데 우리는 여기에서 머무는 신앙이 되면 안됩니다. 우리의 삶에 문제는 끊임없이 일어납니다. 그토록 힘들었던 질병의 문제가 해결된다 해도, 시간이 지나면 또 다른 질병의 문제가 찾아옵니다. 아무리 복음 충만해도 인생에 다가오는 문제들은 피할 수 없고, 언젠가 우리 모두는 죽습니다. 인생이란 것 자체가 문제의 연속입니다.

그래서 제자는 문제해결을 위한 신앙생활이 아니라 말씀성취를 따라가고 제자를 세우는 신앙생활을 해야 합니다. 우리에게 주신 완전한 응답은 문제해결이 아니라 그리스도입니다. 넓은 길이 아니라 좁은 길입니다. 그래서 성경적인 치유는 병이 낫고 질병의 문제가 해결되는 것이 아니라, 질병을 통해 하나님을 만나고 오직 그리스도로 충분한 제자가 되는 것입니다. 연약함 중에도 그리스도를 신앙고백 하며 말씀을 믿는 믿음이 나의 능력이 되어야 합니다. 나의 문제를 넘어 사탄에게 속아 하나님을 떠나 죄에 빠져 신음하는 세상 보는 눈이 열리는 것입니다. 오직 그리스도, 오직 하나님 나라, 오직 성령충만이 필요한 시대를 보며, 하나님이 원하시는 나와 하나님이 원하시는 나의 것과 하나님이 원하시는 나의 현장을 찾아야 합니다. 그 은혜와 응답이 너무 커서 이런저런 현실의 문제는 하나님께 맡기고 그냥 넘어갈 수 있는 그런 수준의 믿음이 되어야 합니다. 어린아이들이 늘 껴안고 사는 애착인형이 아이가 성장하면서는 저 멀리 어느 구석에 쳐박혀 있게 되는 것처럼 말입니다. 더 이상 문제에 연연하지 않고 말씀을 따라가고 말씀성취의 응답을 따라가는 치유제자 되시기를 바랍니다.

만남의 축복이
되는 자

인생을 살아감에 있어 중요한 것 중의 하나가 만남입니다. 사람은 혼자가 아니라 더불어 살아가는 존재입니다. 인생의 중요한 시기에 누군가로부터 도움을 받는 입장에 서기도 하고 반대로 도움을 주는 입장이 되기도 합니다. 그 도움은 물질적인 것 뿐 아니라 적절한 위로와 격려의 말, 작은 배려, 응원해 주고 믿어 주는 것, 기도해 주고 하나님의 말씀을 전달해주는 것 등 다양합니다. 그런데 그 만남이 인생에 축복이 되기도 하고 반대로 돌이킬 수 없는 재앙이 되기도 합니다.

하나님은 제 인생에 많은 만남의 축복을 주셨습니다. 믿음 생활하시며 복음 안에서 내가 가는 길을 이해해 주시고 기도의 배경이 되어 주시는 부모님, 전도자의 여정에 함께 동역자가 되어주는 아내, 언약의 여정을 가고 있는 든든한 아들들, 무엇보다 복음을 알려 주시고 깊이 누리도록 지도해 주신 선배 목사님들과 서로에게 힘이 되어주는 동료 목회자들, 그리고 강북 복음화를 통한 세계 복음화에 방향 맞춰 성경적인 전도운동의 모델로 함께 인도받고 있는 우리 교회와 성도들...모두가 하나님이 주신 은혜요 소중한 만남의 축복입니다.

성도에게 있어 가장 큰 만남의 축복은 하나님을 만나는 것에서 시작해서 교회와 목회자를 만나는 것입니다. 어떤 교회를 만나서 강단에 인도받으며, 어떤 믿음의 사람들을 만나서 함께 신앙생활 하느냐가 중요합니다. 육신적인 것도 환경과 사람의 영향을 받지만 영적인 것도 환경의 영향을 받습니다. 그래서 하나님은 만남을 통해 하나님의 일을 이루어 가시고, 사탄도 만남을 통해 불신 앙의 가라지를 심고 열매 맺게 합니다.

우리 교회의 모든 성도들은 저와 강단과 교회를 통해 응답을 받아야 합니다. 그래서 하나님이 우리 교회로 보내신 것입니다. 이것에 대한 분명한 확신이 있기 때문에 저는 늘 성도들에게 전도제자의 정체성과 교회에 대한 응답을 받도록 지도합니다. 교회제자와 강단제자가 되어야 예수제자가 되고 복음화의 축복을 온전히 누릴 수 있으며 나아가 제자화와 현장화의 응답을 받습니다. 복음화와 전도자. 이것은 제 인생을 복음 안에서 정리하면서 받은 답입니다. 그래서 저는 우리 성도 한 사람 한 사람의 인생을 복음화하시고 전도자로 세워가시는 하나님의 주권과 여정을 절대적으로 신뢰합니다.

하나님은 15년 전 우리 교회가 시작될 때 "성경적인 전도운동의 모델"이란 언약을 주셨습니다. 저는 그것을 한시도 잊지 않고 있습니다. 역사가 일어나고 눈에 보이는 응답이 올 때나, 교회가 여러 가지로 힘들고 어려울 때나, 심지어 저 자신이 건강 문제로 아무것도 할 수 없는 상황에서도 목회언약을 굳게 붙잡았습니다. 그리고 그 속에서 일하시는 하나님의 섭리와 성령의 역사를 체험했습니다. 하나님은 교회를 언약중심으로 든든히 세우시고 말씀성취에 인도받는 제자들을 세워가셨습니다. 그리고 이제 그 제자들이 말씀의 흐름을 따라 교회와 지역과 현장과 기관을 살리는 전도운동을 펴고 있습니다.

내게 복음을 알게 해 주고 누리게 해 준 만남이 있었던 것처럼 우리 모두는 누군가에게, 특별히 나와 관계된 현장의 많은 사람들에게 그런 축복의 사람이 되어야 합니다. 왜냐면 하나님의 소원과 모든 관심은 영혼구원과 전도운동에 있기 때문입니다. 영적으로 보면 내 주위의 모든 사람들은 나를 통해 살아계신 하나님을 체험하며 만나는 축복을 받아야 합니다.

나의 복음과 나의 말씀과 나의 전도가 강단의 흐름 속에 정리되어 있어야 하나님이 함께 그 응답을 받을 제자를 붙여 주시고 전도운동할 문을 열어주십니다. 그리고 모든 만남에 하나님이 원하시는 것을 전달할 수 있습니다. 얼마나 소중한 생명이고 만남인데 잘못된 내 생각과 좁은 내 경험과 하나님이 원하시는 것과 맞지 않는 내 기준을 말하면 안됩니다. 저는 가끔 저 자신에게 놀랄 때가 있습니다. 하나님이 저를 세우시고 붙잡으셔서 하나님이 원하시는 말씀을 강하고도 분명하게 선포하게 하실 때가 그렇습니다. 그것은 제가 미리 의도한 것이나 계획한 것이 아닙니다.

하나님이 저의 마음과 입술을 사용하시는 것입니다. 말씀의 흐름 속에 정확하고 확실한 미션을 줄 때면 너무 뿌듯하고 감사하고 감동됩니다. 그리고 때론 제가 언약 안에서 믿음으로 선포한 말씀을 하나님이 보증하시고 이루신다는 착각 아닌 착각이 들 때도 있습니다.

바울이 언약 안에서 "내가 로마도 보아야 하리라" 신앙고백 했는데 하나님이 "네가 가이사 앞에 서야 하리라"며 바울의 말을 성취하신 것처럼 말입니다.

우리 모두는 누군가에게 다 필요한 존재입니다. 완전하신 하나님은 나의 부족함을 아시고도 나를 부르셨습니다. 그래서 우리는 전도자요 제자입니다. 하나님은 우리의 믿음과 입술의 고백을 사용하십니다. 내 마음과 생각에 늘 말씀을 정리하고 기도에 집중하며 전도를 생각해야 하는 이유입니다. 우리는 누구를 만나든지 하나님이 강단을 통해 내게 주신 말씀과 응답과 기도제목을 포럼해 주어야 합니다. 그리고 하나님의 계획을 말씀 안에서 정확하게 전달해야 합니다. 여기에 필요한 지혜는 구할 때 후히 주신다 약속하셨습니다. 모든 만남에 정리된 말씀과 기도와 전도를 포럼하므로 또 다른 사람에게 만남의 축복이 되는 응답을 받으시기 바랍니다.

보이는 재앙과 숨겨진 재앙

한 나라 한 지역에서 생겨난 바이러스가 전 세계를 혼란 속에 몰아넣고 있습니다. 눈에 보이지도 않는 아주 미세한 존재인데 그 위력이 얼마나 센 지, 시간이 갈수록 국경을 넘어 전 세계로 퍼져 나가고 있습니다. 사실 언제 쯤 그 끝이 드러날지 의문스럽습니다. 물론 치료제가 나오면 위험성은 줄고 확산되는 것도 점차 막을 수 있겠지만, 아무래도 이 여파는 생각보다 오래갈 것 같습니다. 의료기술이나 시스템이 잘 되어 있는 선진국이라 할지라도 밀려드는 환자를 감당하지 못한 채 하루하루 사망자가 급증하고 있습니다. 그리고 국민의식이나 문화 자체가 감염의 문제에 있어서 너무 다르기 때문에 현실을 직시하는 것에 있어서도 각 나라의 온도 차가 큰 것 같습니다. 우리나라처럼 정부나 국민이 다 적극적인 대처와 예방을 한다

해도 한계는 곳곳에서 드러나고 있습니다. 이제 중국에서 들어오는 사람보다 유럽이나 북미에서 들어오는 사람들을 더 통제해야 하는 상황이 되었습니다. 조금 지나면 입국자들을 격리하고 관리해야 하는 나라의 숫자가 더 많아질 것입니다. 말 그대로 산 너머 산입니다.

마스크 챙기는 것을 깜박 잊고 외출을 다녀온 아들이 하는 얘기를 들었습니다. 지하철과 버스에서 마스크를 쓰지 않은 사람은 자기 밖에 없었다고, 사람들이 다 이상한 눈으로 쳐다본다고 말입니다. 심지어 자신을 위해서가 아니라 타인을 위해서 실내에서는 마스크 쓰는 것이 기본예의라는 말도 들었다고 했습니다. 아무튼 혼이 났는지 그 이후로는 마스크를 알아서 잘 챙겨 다니고 있습니다. 그런데 저는 요즘 코로나바이러스 사태를 겪어 나가고 있는 우리 국민에 대해 여러 가지 다른 우려가 생깁니다. 그것은 바이러스 감염에 대한 부분이 아니라 그 이후에 일어날 일들에 대한 것입니다. 물론 언론을 통해 접하는 소식은 공포와 두려움과 부정적인 것에 대한 것만은 아닙니다. 어려운 상황 속에서도 서로 배려하고 돕는 사람들과 헌신의 손길도 많습니다. 하지만 전반적인 국민 정서가 두려움과 공포와 염려라는 것에 잡혀 있습니다. 분노와 비난과 분열이 심각합니다. 언제나 사회에 내재 되어 있었고 사건과 사고를 통해 늘 드러나는 부분이긴 하지만, 이번 코로나바이러스 사태에 의한 스트레스와 트라우마가 앞으로 우리 개인과 사회에 어떻게 드러날 지 를 생각하면 마음이 무거워집니다.

초.중.고.대학의 개학이 일제히 연기되었습니다. 지 금으로서는 언제 개학이 될지 장담할 수 없는 상황입니 다. 이런 상황에서 부모가 다 일을 해야 하는 가정에서는 어려움이 많습니다. 아이들을 보육시설에 보낼 수 밖에 없기 때문입니다. 그런데 어린이집이나 유치원에 등원하 는 경우, 아이들이 집에 올 때까지 온종일 마스크를 착용 하고 있어야 한다고 합니다. 아이가 마스크를 착용하지 않으면 대부분의 시설에서 아예 받아주지를 않는다는 겁 니다. 솔직히 꼭 그렇게까지 해야 하나 생각이 들었습니 다. 아이들은 실내에 들어서면 모자도 양말도 다 벗어던 지고 싶어하는 게 자연스러운데, 잠시도 아니고 밥 먹을 때 빼고는 시설에 있는 시간 내내 마스크를 착용해야 한다니...

요즘 같아서는 마스크를 끼면 안심되고 마스크가 없으면 불안합니다. 어지간한 엄마들은 집에서도 손세정제를 사용하고 외출에서 돌아오면 아이들 손소독을 철저히 합니다. 어른들의 불안감은 아이들에게 그대로 전달되어, 아이들도 손을 자주 씻고 마스크를 끼는 것이 일상이 되어버렸습니다. 원래 아이들은 마스크를 굉장히 싫어합니다. 감기로 기침을 하고 콧물을 흘릴 때면 마스크를 씌우려는 엄마와 벗어 던지려는 아이들의 싸움은 육아를 해본 부모라면 누구나 공감할 것입니다. 그런데 얼마나 염려와 두려움이 각인되어 버렸는지 길을 가다보면 영유아 대부분이 어른처럼 얌전히 마스크를 착용하고 있는 모습이 신기합니다. 아이들에게 무언중에 염려와 두려움이 각인된 것이 속상합니다. 나아가 마스크로 자신을 보호하는 것이 자신을 감추고 타인과 거리를 두는 방어기제로 고착될까 염려됩니다. 위생관념이 지나친 깔끔증과 결벽주의로 아이들의 삶에 뿌리내릴까 두렵습니다.

우리는 재앙의 시대를 벗어날 수 없습니다. 성경에서 예언된 말세의 일들은 계속 일어날 것입니다. 갈수록 평안보다는 불안과 두려움이 더 커져 갈 것입니다. 물질적 풍요 속에서 영적 빈곤의 그늘이 더 짙어질 것입니다. 영적인 문제와 정신의 문제와 육신의 문제가 개인의 문제를 넘어 사회와 시대의 문제가 될 것입니다. 그래서 답이 없는 현장에 오직의 답이 필요한 시대, 어두움이 깊을수록 더 반짝이는 빛처럼 전도자가 빛나는 시대가 올 것입니다. 눈에 보이는 재앙 이후 눈에 보이지 않는 재앙이 더 크게 도래할 때, 우리가 가진 복음이 무너진 영혼들을 치유하고 병든 세상을 살리는 유일한 백신임을 확신합니다.

언제쯤이면
마스크 없이 다닐 수
있을까요

가족들과 코로나 이후에 대한 여러가지 이야기를 나누었습니다. 일반인인 우리가 그냥 2-3개월 정도 지나면 끝나겠지 막연히 생각했던 코로나바이러스 확산 초기 때, 보건소에 근무하시는 분을 통해 올 연말까지 갈거라고 보건당국은 예상한다는 말을 들을 때만 해도 설마 했습니다. 그런데 벌써 9월이 되었고 우리는 여전히 코로나바이러스 상황에서 벗어나지 못한 채 국가적인 차원에서 방역에 집중하며 감염을 차단하고자 애쓰고 있습니다. 감염병에 대한 전문지식을 가진 관계자가 처음부터 예견한 말이 맞구나 하는 생각이 새삼 듭니다. 아니 그것도 어쩌면 국내 상황에 대한 긍정적인 예견이고, 세계적인 팬데믹 상황은 내년까지도 계속 이어질 것 같습니다.

항공사에서 기장으로 일하시던 분이 지금은 직장에서 해고되어 배달원 아르바이트를 하고 있다는 기사를 보았습니다. 사실 코로나사태 이전에 우리나라는 역사상 그 어느 때보다도 여행에 대한 수요가 컸습니다. 다들 해외여행을 얼마나 많이 나가는지, 여름 휴가시즌이 아니어도 공항은 여행객으로 늘 넘쳤습니다. 선교를 나갈 때면 주로 월요일이나 화요일에 출국하는데 비싼 주차료를 지불하는 건물 내 그 넓은 공항주차장은 늘 만차였습니다. 어쩔 수 없는 상황이지만 안타깝게도 항공과 여행 관련 업계에서 일하던 분들은 이번 코로나사태에 대표적 피해를 입고 있습니다. 여행을 좋아해서 해외로 많이 다녔던 작은 아들은 군복무를 마치면 복학하기 전에 다시 여행을 나가려고 계획하고 있었는데, 지금 같아서는 기약할 수 없을 것 같습니다.

언제쯤이면 마스크 없이 다닐 수 있을까 대화를 나눠보면 다들 마스크 쓰는 것은 이제 코로나와 상관없이 문화가 될 것 같다고 합니다. 물론 코로나바이러스가 종식되어도 미세먼지, 황사, 감기 등의 상황 때문에 사람들이 마스크를 여전히 많이 쓸 것 같다는 겁니다. 일본은 코로나바이러스 사태 이전에도 마스크 착용이 여느 나라보다 보편화 되어있었습니다. 건강에 대한 국민적 정서가 예민하기 때문에 황사나 미세먼지 등을 막기 위해 일상에서 착용을 하기도 했지만, 대중 속에서 자신을 가리는 용도로 모자와 함께 많이 사용했습니다.

사실 마스크를 착용하면 얼굴의 절반 이상이 가려지기 때문에 자신을 가리거나 다른 사람의 시선을 피하고 싶을 때 유용합니다. 외국에서는 평소에 마스크를 착용하면 다들 중환자나 범죄자 취급하며 이상하게 본다지만, 동양문화권에서는 그렇지가 않습니다. 지금은 필수가 되었지만 그 전에도 필요에 의해 유용하게 사용되었습니다. 그런데 이제 우리나라에서도 코로나바이러스로 인해 위생에 대한 개념이 많이 바뀌었기 때문에 자신의 건강과 타인을 생각해서 상황에 따라 자주 마스크를 사용할 것입니다. 더불어 영적문제와 정신문제로 대면관계를 힘들어하는 사람들은 다른 사람들의 시선을 피하고자 마스크를 할 것입니다. 그런데 마스크는 얼굴을 가릴 수 있고

사람들의 눈을 피할 수도 있지만, 영적문제로 인한 정신
문제는 결코 가릴 수도 막을 수도 없습니다.

　　어른들은 요즘 자주 말합니다. 상상도 못했던 일들
이 일어나는 시대를 살고 있다고... 그것은 여러 면에서
그렇습니다. 정치, 경제, 사회, 문화뿐 아니라 성도들이
교회에 모여 다 함께 예배를 드리지 못하는 영적인 상황
을 포함하는 말입니다. 그것도 자의적인 선택이나 결정
이 아니라 정부에 의해 강제적으로 진행되고, 교회를 마
치 감염의 온상인 듯 몰아가는 사회적인 분위기도 교회를
크게 압박하고 있습니다. 불신자들이 교회를 욕하는 것
뿐 아니라 일부 성도도 교회나 목회자를 함부로 말하고
비난합니다. 그래서 많은 성도들이 코로나사태를 겪으며
교회가 위축되는 것 아니냐며 앞으로 전도가 가능하겠냐
며 걱정합니다. 실제로 교회들은 여러 가지로 어려운 시
간을 보내고 있고, 그 어려움이 쉽게 지나가지 않을 것 같
다는 위기감을 느끼고 있습니다. 세상은 이번 팬데믹 상
황을 겪으며 대면을 꺼려하는 문화, 진실보다 현실을 쫓
아가는 문화, 절대적인 기준이 사라지는 시대, 온라인으

로 많은 것들이 해결되는 시대, AI시대로 급격히 흘러갈 것입니다. 우리가 생각하고 예측하는 것 이상의 변화가 다방면에 벌어질 지도 모릅니다. 그래서 기도가 되어집니다. 그리고 하나님이 원하시고 이루시는 일들이 보입니다. 예고로 보여주시는 혼란 속에 참된 평안은 복음에서, 참된 안식은 하늘나라의 축복에서 나옴을 깨닫습니다. 그리고 말세에 하나님이 준비하신 전도의 문을 봅니다. 시대의 문제에 비례해서 창궐하는 영적문제 속에서 떠들어대는 전도가 아니라, 조용히 살리고 실제적으로 치유하는 복음전도운동만이 해답임을 확신합니다.

아합왕의 폭정과 핍박 속에서도 신하로서 자신의 업을 감당하며 선지생도 100명을 숨기고 키웠던 오바댜처럼, 조용하고 확실하게 준비해야 할 교회의 미래사역이 보입니다. 복음 만이 해답인 시대, 전도자의 시대를 준비하며 오늘도 나는 오직 그리스도, 오직 하나님 나라, 오직 성령충만에 집중하는 제자들을 세우는 갱신과 도전을 합니다.

재앙과 위기는
도전과 갱신과
회복의 시간표입니다

가을이 다 지나가고 어느새 겨울의 문턱에 왔습니다. 며칠 전 비가 온 뒤 기온이 떨어지면서 날씨가 갑자기 많이 추워졌습니다. 이런 자연과 계절의 변화는 사람마다 다르게 느낍니다. 과학자의 눈과 예술가의 눈은 다릅니다. 어떤 변화나 현실 앞에서 사람들은 저마다 생각과 판단과 입장이 다릅니다. 아는 사람과 모르는 사람은 보는 것과 생각하는 것이 다를 수 밖에 없습니다. 가진 사람과 가지지 않은 사람의 생각과 시선도 마찬가지입니다. 비가 온 뒤 아파트 산책로에 잔뜩 떨어져 있는 알록달록한 낙엽을 보며 누군가는 늦가을의 정취를 느끼겠지만, 또 누군가는 빗자루를 들고 한숨을 내쉴 수 밖에 없습니다.

영적세계를 아는 사람과 모르는 사람은 큰 차이가 있습니다. 아니 인생 자체가 다릅니다. 보이는 세계만 인정하는 사람과 보이진 않지만 분명히 존재하는 세계를 믿는 사람은 삶에 대한 이해도, 삶을 살아가는 방법도, 미래와 내세에 대한 것도 다를 수 밖에 없습니다. 조금만 주위를 돌아보고 깊이 생각해보면 분명히 존재하는 내용인데, 많은 사람들은 지금 당장 보이지 않는다고 해서 없다고 치부하고 욕망대로 살아가고자 합니다. 그러나 눈에 보이지 않지만 분명히 존재하는 바이러스로 인해 얼마나 삶이 힘들어지고 생명까지 위협당할 수 있는 지 우리는 최근 들어 생생하게 체험하고 있습니다. 환경오염이나 생태계 파괴의 문제도 마찬가지입니다. 지금 당장 편리하다고 해서 마구잡이로 개발한 것이 오랜 시간이 지난 뒤 지구온난화 라는 돌이킬 수 없는 재앙의 부메랑이 되어 우리의 삶을 위협하고 있습니다.

하나님은 인간을 영적인 존재로 만드셨습니다. 흙으로 육신을 만드시고 하나님의 생기를 불어넣어 영혼을 주시고 영적인 존재가 되게 하셨습니다. 이것은 피조물 중에 인간만이 영이신 하나님과 소통하도록 하신 것입니다. 영적존재 라는 것은 다른 말로 하자면 예배적인 존재입니다. 영적 존재만이 영이신 하나님께 예배드릴 수 있기 때문입니다. 하나님이 인간에게 영혼을 주신 것은 영이신 하나님과 함께하며 예배를 통해 소통하기 위함입니다. 그래서 신앙생활의 시작과 결론은 예배가 되어야 하고 예배성공은 인생성공입니다.

하나님과 함께 하는 것을 누리는 예배, 하나님과 소통하는 예배의 중심에는 말씀이 있습니다. 영이신 하나님은 말씀하시고 말씀을 이루시는 데, 말씀은 곧 하나님입니다. 육신에 제한되어 있는 인간이 영이신 하나님을 만날 수 있는 방법, 하나님을 떠나 나중심으로 세상중심으로 살아가는 죄인 된 우리가 하나님의 뜻과 계획을 발견하고 그 속에 인도받을 수 있는 길이 말씀입니다. 그래서 우리는 예배를 통해 말씀을 받고 그 말씀을 중심으로 하나님이 원하시는 삶에 인도를 받아야 합니다. 말씀을 통해 나를 향한 하나님의 뜻과 계획을 발견하고 순종해야 합니다. 그리고 말씀이 삶에 기준 되어야 합니다.

하나님을 만나는 예배, 말씀이 임하는 예배가 이처럼 소중한데 우리는 예배를 많이 놓치고 살아왔습니다. 늘 드릴 수 있었기 때문에 참된 의미와 가치에는 무감각해져 있었는지도 모릅니다. 코로나바이러스의 확산으로 인해 성도들이 함께 모여 예배드릴 수 없는 상황이 처음에는 당황스러웠습니다. 자유민주주의 국가에서 예배에 대한 제약이 들어오는 것이 교회를 향한 핍박인 것 같아 화도 났습니다. 그런데 말씀 속에서 생각이 정리되었습니다. 참된 예배의 회복, 하나님이 원하시는 예배, 하나님이 찾으시는 참된 예배자를 회복할 시간표임이 분명해졌습니다.

아브라함은 조카 롯을 떠나보내고 나서야 진정한 예배를 드릴 수 있었습니다. 그때부터 쌓은 단은 회복의 단이 되었습니다. 모세를 통해 출애굽한 이스라엘은 광야에서 희생제사를 드렸습니다. 노예 된 것에서 애굽과 바로에게서 빠져나와 희생제사를 드릴 때, 육신적인 해방과 함께 영적인 해방을 얻고 약속의 땅인 가나안을 향해 갈 수 있었습니다. 초대교회는 핍박 속에서 모이는 교회와 함께 흩어진 교회를 통해 아시아 전역과 로마에까지 복음을 전했습니다. 언약을 회복하는 예배는 전도운동의 역사로 이어졌습니다. 지금 우리는 이 예배를 회복해야 합니다. 예배드리기가 힘들어진 시대, 모이기가 어려워지는 시대일수록 더욱 예배의 근본적인 축복을 회복해야 합니다. 의도한 것은 아니지만 코로나사태와 맞물려 저는 강단을 통해 8개월 이상을 예배자시리즈로 말씀을 증거했습니다.

경배와 영광과 찬양과 산 제사의 네 가지 주제를 가지고 하나님이 원하시는 예배, 하나님이 찾으시는 예배자의 응답을 받도록 우리의 예배를 점검하고 갱신해야 할 내용들을 함께 나누었습니다. 감사한 것은 그 말씀의 흐름과 함께 예배가 개인화되는 응답을 많은 성도님들이 받은 것입니다.

흩어지는 교회와 현장교회를 회복하고 참된 예배자로 서는 결단과 시작을 하게 되었습니다. 나아가 목회적으로는 어떤 문제와 시대적인 재앙이 와도 영향받지 않고 모이기를 힘쓸 수 있는 예배시스템을 찾았습니다. 그것은 성경적인 전도운동으로 이미 우리에게 언약으로 주신 것입니다. 예배자시리즈를 마무리하며 재앙과 위기가 중요한 도전과 갱신과 회복의 시간표가 되게 하신 하나님께 진심으로 감사합니다.

열한제자가 갈릴리에 가서 예수께서 지시하신 산에 이르러
예수를 뵙고 경배하나 아직도 의심하는 사람들이 있더라
예수께서 나아와 말씀하여 이르시되
하늘과 땅의 모든 권세를 내게 주셨으니
그러므로 너희는 가서 모든 인족을 제자 삼아
아버지와 아들과 성령의 이름으로 세례를 베풀고
내가 너희에게 분부한 모든 것을 가르쳐 지키게 하라
볼지어다 내가 세상 끝날까지 너희와 항상 함께 있으리라 하시니라~

마태복음 28장 16-20절

하나님의 언약이
머무는 교회

나에겐 꿈이 있어요 우리가 함께 꿈꾸는 언약의 비전
어두운 이땅 캄캄한 세상을 살릴 하나님의 소원
예수는 그리스도 참복음 누리고 다이루었다 확인하는 곳
인생길 언약의 여정을 말씀으로 미리보는 언약의 성전

오늘도 나는 꿈꿔요 우리를 통해 이루실 언약의 작품
해답없는 세상 갈급한 영혼에 임할 하나님의 나라
무너진 후대들 방황하는 영혼을 치유하고 살리는 곳
땅끝빈곳 237을 살릴 제자들을 세우는 언약의 성전

등불을 밝혀라 어두운 세상에 기도의 불을 밝혀라
향기를 올려라 하나님의 어린양 대속의 향을 피워라
성령의 능력과 역사가 임하도록 정결한 기름을 바르라

주 예수는 그리스도 하나님의 나라 오직 성령충만

너희가 이 성전에서 기도할 때 내가 들으리라 응답하리라
네 자녀가 이 성전에서 예배할 때 내가 받으리라
축복하리라
내 백성이 이 성전에서 찬양할 때 땅과 하늘이
진동하리라
With Immanuel Oneness 내 인생의 작품되게 하소서

하나님이 이르시되 우리의 형상을 따라 우리의 모양대로
우리가 사람을 만들고 그들로 바다의 물고기와 하늘의 새와 가축과
온 땅과 땅에 기는 모든 것을 다스리게 하자 하시고 하나님이
자기 형상 곧 하나님의 형상대로 사람을 창조하시되
남자와 여자를 창조하시고

(창1:26-27)

하나님이여 내 마음이 확정되었고 내 마음이 확정되었사오니
내가 노래하고 내가 찬송하리이다

(시57:7)

내가 그리스도와 함께 십자가에 못 박혔나니 그런즉
이제는 내가 사는 것이 아니요 오직 내 안에 그리스도께서
사시는 것이라 이제 내가 육체 가운데 사는 것은 나를 사랑하사
나를 위하여 자기 자신을 버리신 하나님의 아들을
믿는 믿음 안에서 사는 것이라
(갈2:20)

예수께서 신 포도주를 받으신 후에 이르시되 다 이루었다 하시고
머리를 숙이니 영혼이 떠나가시니라
(요19:30)

사람마다 두려워하는데 사도들로 말미암아 기사와 표적이 많이
나타나니 믿는 사람이 다 함께 있어 모든 물건을 서로 통용하고
또 재산과 소유를 팔아 각 사람의 필요를 따라 나눠 주며
날마다 마음을 같이하여 성전에 모이기를 힘쓰고 집에서 떡을 떼며
기쁨과 순전한 마음으로 음식을 먹고 하나님을 찬미하며
또 온 백성에게 칭송을 받으니
주께서 구원받는 사람을 날마다 더하게 하시니라 (행 2:43-47)